期待明天的人

二二八消失的檢察官王育霖

目次

序言

　5　咱台南市民的楷模／賴清德

　7　推薦《期待明天的人》一書／薛化元

　9　向為義成仁的王育霖檢察官致崇高敬意／李勝雄

11　編者序／王克雄、王克紹

生平介紹

17　鐵面檢察官王育霖的生平／王克雄

文集

87　期待明天的人

95　艷怨輓賦

99　台灣隨想

120　《大地》與台灣舊社會

124　日記摘選

135　台灣歌謠考

詩集

159　春宵吟

161　送春之歌

162　青春

163　愛的朝聖

165　台高舞

167　今日一別何時見

168　二二八／王克雄

168　彼款國旗／王克雄

169　悼王育霖檢察官／鹿耳門漁夫

法律評論

173　何謂法治國？

175　法律是打不死的

178　報紙負責人的法律責任

181　提審法解說

書信集

199　王育霖給王育德的信（1944年3月底）

200　王育霖給王育德的信（1945年4月2日）

202　西川滿給王育霖的信（18日）

204　王育霖給葛超智的信（1946年9月18日）

208　王育霖給葛超智的信（1947年3月13日）

211　邱永漢給王育霖夫人的道歉信（1996年11月21日）

口述歷史

217 王陳仙槎女士口述歷史／張炎憲

紀念文章

267 兄哥王育霖之死／王育德

277 李總統南下拜訪王育霖遺孀／王克紹

281 人生浮沉　走出悲痛二二八／王克紹

284 中國國民黨是二二八慘案的主謀／王克雄

300 王育霖年譜

咱台南市民的楷模

賴清德（台南市市長）

　　1947年發生的二二八慘案中，咱台南府城有兩位傑出的菁英──王育霖檢察官與湯德章律師，他們備受尊敬，卻都在慘案中受難，讓全台南人，乃至全台灣人感覺遺憾與懷念他們。

　　王育霖是第一位在日本擔任檢察官的台灣人，戰後回台，擔任新竹的檢察官。他曾自我期許：「救台灣人離開艱難的環境，是我當檢察官的目標，也是我一生的理想。」由於他的辦案鐵面無私，在偵辦新竹市政府救濟物資貪汙案，得罪陸軍少將兼任的新竹市長郭紹宗，不但被迫辭去檢察官職務，後來更在二二八慘案中，犧牲受難，英年早逝，那時他才二十七歲。

　　王育霖受難後，他的弟弟王育德原本在台南一中教書，後來在清鄉、白色恐怖時期，離開台灣，到日本就讀東京大學，得到文學博士。畢業後與他的學生黃昭堂等人，創辦「台灣青年社」，於1961年率先推出二二八慘案的專刊，王育德寫下〈兄哥王育霖之死〉

文章，披露二二八慘案的實情。此後，他和黃昭堂、許世楷等台獨運動者，都成為海外黑名單，三十多年無法回台灣。為了讓更多台南市民，知道王育霖、王育德昆仲對台灣的犧牲與貢獻，台南市政府將成立紀念館，介紹他們的努力與成就。

王育霖的遺孀王陳仙槎女士二十四歲就守寡，帶著一個襁褓中的嬰兒和一個三歲的兒子回台南王家，過著很辛苦的日子。她的丈夫王育霖死於二二八，小叔王育德又是海外台獨領導人，讓她在戒嚴年代裡飽受政治上的雙重脅迫，讓人忍不住要對艱辛又堅忍的王陳仙槎女士，她已九十四歲高齡，致上最高的敬意。

看到王克雄、王克紹兄弟，費時又用心地寫下父親王育霖的生平，也整理他生前散落的文章。在二二八慘案七十週年時，出版這本書《期待明天的人》，讓大家知道在法律及二二八慘案以外，讀到王育霖的日記、詩、文章、台灣歌謠的研究等，也讓讀者感受王育霖多方面的才華。

身為台南市長，我特別敬佩王克雄博士，在海外為台灣民主和二二八慘案平反的努力；更感激王克紹醫生，長年在台南府城懸壺濟世，行有餘力，更投入救災、救人以及二二八公義活動。他們兩兄弟和他們的父親王育霖及叔叔王育德，都是咱台南市民的楷模。

推薦《期待明天的人》一書

薛化元（二二八事件紀念基金會董事長）

　　《期待明天的人》一書是由王育霖先生的兩位公子——王克雄及王克紹共同編輯而成，其中主體是王育霖先生的文集，包括他的文章、日記、詩集、短文和書信集等。而書中還收入了王育霖妻子王陳仙槎女士的口述歷史（張炎憲訪問）、他的弟弟王育德〈兄哥王育霖之死〉的文章，最後並附上〈王育霖年譜〉。透過文集可以看到，王育霖先生作為台灣二戰結束初期的高等司法人才的法學素養外，也可以看到他的思想及文學涵養，這對了解戰後初期台灣的社會文化史是相當重要的，而不只是他個人思想的流傳而已。本書也包括王克雄〈鐵面檢察官王育霖的生平〉、〈中國國民黨是二二八慘案的主謀〉和王克紹〈人生浮沉　走出悲痛二二八〉、〈李總統南下拜訪王育霖遺孀〉等文及詩。從另一個角度來看，他們兩位試圖透過文章，重建其家族發展的系譜，說明王育霖先生的生平和遭害的經過，也希望釐清二二八事件的發生經過及探究事件的責任。

這是目前受難者家屬以家屬之力，針對自己父親資料的蒐集，乃至對二二八事件持續關心，並表達見解的重要作品。

王育霖先生畢業於台北高等學校，再到日本留學進入東京帝國大學法學部，在大三就考取了日本高等文官司法官考試而擔任京都地方裁判所的檢察官，是第一位台灣人在日本擔任檢察官，也是日治時期台灣人的司法界菁英代表之一。他在戰後到新竹擔任檢察官，而在二二八事件前，王育霖先生偵辦新竹市政府救濟食品遭變賣案時，因為市長郭紹宗的授意，總務科長屢傳不到，他乃前往新竹市政府偵查及做筆錄。郭市長不僅抗拒，更命警察局長率部阻撓，王育霖先生無法依法偵辦，憤而辭職，因此得罪權貴。二二八事件發生，國民政府派軍於3月8日抵台鎮壓，不少台籍菁英陸續遭到逮捕，王育霖先生亦在3月14日被身分不明的「陌生人」攜槍強行帶走。這些菁英中仍有許多下落不明，不僅家屬哀痛，也是台灣歷史的悲劇。當讀到王克紹先生的「只求政府給我父親確切的就義日子及地點，好讓為人子女盡點孝心，有個祭拜的忌日」時，我亦不忍而落淚。

我和王克紹先生在十多年前擔任二二八基金會董事時認識，而和王克雄先生則是在擔任台灣二二八關懷總會理事長期間認識的，深刻認知他們兄弟為了二二八事件真相的釐清、責任的探究始終努力不懈，而這本書的出版，不僅代表他們對於父親王育霖先生的追思與懷念，並透過這本書得以讓大家認識這位二二八事件中不幸犧牲的台灣菁英。無論基於對二二八事件的關心，或者是轉型正義理想的追求，這本書的出版都有相當正面的意義，承蒙家屬的厚愛，讓我有機會在出版前先閱讀了這本書，深刻認識到本書的歷史價值及意義，感動之餘，特為文推薦。

向為義成仁的王育霖檢察官
致崇高敬意

李勝雄（二二八司法公義金
管理委員會主任委員）

　　二二八慘案中，受害人包括當時法律界的不少菁英，其中五位
受難者的家屬將政府微不足道的賠償金的一部分共228萬元捐出，
予律師公會全國聯合會（簡稱全聯會），全聯會乃成立「二二八司
法公義金管理委員會」，由我擔任主任委員至今。因此，我接觸了
這些受害犧牲的律師、法官、檢察官的遺孀及家屬。包括曾擔任國
民黨副主席的雙生伯父吳鴻麒法官的夫人楊𤍤治女士，李瑞漢律師
的夫人李邱己妹女士，她們已先後逝世。只有王育霖檢察官的夫人，
王陳仙槎女士尚在世。她們在丈夫受害去世後，含辛茹苦養育幼小
子女的艱苦歷程，實在非常悽慘，但也令我非常欽佩。

　　今由王檢察官的長子王克雄博士和次子王克紹醫師，提供不少
其先父生前的資訊，編輯成書，不但為其家屬留下值得懷念的較完

整的傳記，更要使世人熟知王檢察官生前為人尊敬的法律人典範。

　　我僅以同為法界後輩，且也受益於那些前輩為台灣人犧牲奉獻的成果，使台灣歷經此台灣最大屠殺慘案後，接續白色恐怖及高雄美麗島慘案等政治迫害，終而解除戒嚴，走上民主法治之路，首要歸功那些曾為台灣司法盡力至死為止的司法前輩。

　　即以王育霖檢察官在被捕而遭害以前，已超越當時全世界是民主進步國家之人權法律而草擬完成的《提審法解說》，多已落實在歷經修改的提審法及現行的刑事訴訟法。

　　王檢察官七十年前在搜尋不到當時國際法界尚付之闕如的提審法的窘境中，竟能以其法律優異先進的法理，配合其擔任可任意拘提人及羈押嫌疑人的檢察官職權的實務中，體認最重要的人身自由保障的人權觀念，而擬出不遜於現代民主國家對人身自由人權最重要的保障的《提審法解說》，實在難能可貴，令人非常敬佩。

　　台灣有此可說是有國際知名法學家水準的法律人才，國民黨竟然完全無視王檢察官的《提審法解說》所保障人身自由的人權。豈料，在二二八慘案發生後之3月14日作者王育霖檢察官，在他剛完成此偉大著作不到四個月，卻遭受無辜陷害，甚至屍體無存的悲慘後果。更見似有未卜先知之明，卻為此而犧牲而因仁得仁。但是留下台灣人的人權教育必流芳萬世。亦應驗了，耶穌所教示的「為義受窘逐的人有福了，因為天國是他的」，王檢察官為台灣人的人權正義而受害，他本人及其後代必為上帝在天裡的賞賜是大的，而得享永生的平安喜樂。

王克雄、王克紹

　　好幾年來一直想把我們父母親的悲慘故事寫成一本書。父親王育霖檢察官的壽命很短，在他二十七歲時被中國國民黨趁二二八的動亂受到逮捕，沒審判就處死滅屍。我們擔心沒有太多的資料可以寫，可是當我們搜集有關父親的資料及母親所告訴我們的種種故事，可以寫的材料還是不少，我們盡量挑選比較有趣的故事來寫。這本書的書名來自〈期待明天的人〉這篇很生動感人、很鼓勵人的文章。父親描述他青少年時得了肺結核病，不得不休學，不知能不能痊癒，想到變成留級生，會被人恥笑，就非常頹喪。他的母親過世不久，在一個舊式的台灣大家庭裡沒人關心他，他感覺極為孤單，非常思念母親，甚至想要到母親那裡，與她在一起。然而，他覺悟到「最能達成媽媽遺志的，不是要自殺，而是要向把媽媽逼迫到那樣境遇的歪社會制度挑戰。是的，我要努力用功成為真正偉大的人。……已經不顧世上的輕視、嫉妒與無情。有的，只是期待那光明的未

來。」

這本書的第一單元是父親的傳記，雖然是短暫的人生，但仍多采多姿，活得有意義，值得後人敬仰。父親留下了不少的詩和文章，相當有水準的作品，他可稱為是一位文學家。本書把他的作品整理及翻譯，展現給後人欣賞。當父親被捉以後，有人好意告訴母親，家裡如果有傾向共產主義的書籍或與日本人來往的書信，都可能被國民黨用來陷害父親。短時間母親也沒辦法去讀或分辨書的內容，因此她把所有的書和信件，花了好幾天、好幾夜燒掉。如果沒被燒毀，大家會讀到更多父親的作品。單由這件事，您可以體會當年國民黨的統治有多麼恐怖。

父親受到國民黨的軍人與特務刑求以後，可能被槍斃及掩埋。雖是極端痛苦，但那是短暫的。我們母親所受的煎熬，卻是日以繼夜和年深日久。母親本來是一位大家閨秀，卻在人地生疏的台北，背著三個月大的嬰兒克紹及牽著二年九個月大的小男孩克雄，聽到那裡有屍體就趕去，在腐爛的屍體中要辨認父親。那種悽慘的情景，實在令人心酸不忍。她那時常夢到父親，然而一下子就不見，又是悵然若失。一個寡婦活下去的原動力就是她的孩子。我們母親知道張七郎醫師和他的兩個醫師兒子同時都被國民黨殺害。母親天天提心吊膽，生怕國民黨也要殺她這兩個男孩。她常夢到有鬼要來偷她的小孩，她緊抱著小孩不敢睡，因為一睡又會夢到那個鬼。後來五叔育德在日本從事台灣獨立運動，她又知道國民黨把廖文毅的親戚關起來，逼迫廖文毅放棄獨立運動，回台灣投降。母親也就緊張擔心，不知國民黨那一天要來抓她的兒子當人質。張炎憲教授曾和母親及克雄做詳盡的訪問，並主要由胡慧玲女士執筆，寫下細膩哀傷、非常感人的口述歷史。我們若重新寫母親的故事，不見得會寫得更

好。這口述歷史記載在《台北南港二二八》，該書由吳三連台灣史料基金會出版，發行人吳樹民醫師允許我們轉錄在這本書上。

父親一方面心腸很軟，另一方面又疾惡如仇。在他的生平那一章，記錄他當新竹檢察官起訴的三個案件：（1）新竹船頭行走私案：他去查走私案件，人贓俱獲，即刻把七、八人全都關起來，大快人心。奸商就央請父親小學的同學柯先生來家行賄，父親看了極為生氣，大聲把他趕出去。（2）新竹鐵路警察貪瀆案：三位新竹段的鐵路警察被人檢舉貪汙，父親把他們提起公訴。他們很生氣，竟然拿槍要打父親，但他毫不畏懼。（3）新竹市長郭紹宗瀆職案：郭市長原是陸軍少將，有大官撐腰，但父親不理上級的壓力，認為貪官污吏一定要嚴辦。所幸葛超智先生保留下來父親寫的兩封英文信，讓人知道當年的情形。在1946年9月18日父親寫說：「我主張司法要獨立，⋯⋯以及對犯法的人與為非作歹的官員要積極起訴，但被掌權的上司所反對，可是台灣人卻非常稱讚我。最後我被迫辭職，可是我不後悔，因為我盡了我的責任。」父親確實是一位可敬可畏的「鐵面檢察官」。

這幾年來很多有識之士大聲疾呼要司法改革。其實父親在七十年前就已勇敢地要求司法改革。他在民報寫有關司法的社論及評論，他強調司法應該獨立、司法官堅持護法聖職、尊重法律、維護言論自由等等。他參加「台北市人民自由保障委員會」，要捍衛人民的言論與人身自由。他看到軍警常常非法逮捕及拘禁人民，他就寫了「提審法解說」，提醒人民有權要求法院將被拘禁的人，二十四小時內從軍警手中，轉送司法機關，而軍警必須服從。那時父親和一些法律人籌組召開一個全島性的會議，來討論台灣的司法問題，希望能有些共識，來要求司法改革。由於這樣的呼籲，促成了官方長

達五天的「台灣省司法會議」，由1946年12月22日開始，全面討論司法上的種種問題，可是並沒有對政府官員干涉司法的核心問題有所決議。因此父親成了國民黨的眼中釘，用二二八當藉口，將他謀殺並滅屍。

在2016年當選的小英總統承諾三年內要完成台灣的轉型正義調查報告書，將從真相調查與整理出發。二二八發生時，連震東、黃朝琴、游彌堅、劉啓光及林頂立等五人製作一本二百多名台灣菁英的黑名單，由國民黨台灣省黨部交台灣省行政長官及警備總司令陳儀執行，他再交代憲兵團長張慕陶及保密局台灣站長林頂立來進行逮捕、殺害及滅屍的工作。這場世紀大謀殺案是轉型正義的首要工作。很快二二八慘案已過了七十年，殺害台灣菁英的真相還被壓制及否認，希望本書的出版可以催促轉型正義早日達成。

過去有關父親的描述有些錯誤、胡亂引用、以訛傳訛等。我們做過相當多的考證與比對，希望本書能夠糾正過去的那些失誤。

要完成這一本書委實不容易，我們衷心感謝黃惠君女士提供文件及資料、師大蔡錦堂教授的協助及李筱峰教授的幫忙。也謝謝吳樹民醫師、蔡奇蘭先生和王明理堂妹允准文章轉載、陳銘城先生指導及校稿。我們特別感謝前西螺鎮長李應鐘先生，他收藏了我們所知唯一留存的《提審法解說》，並允許我們拍照，與大家分享。在翻譯方面，我們特別麻煩成大台文系陳麗君教授把〈台灣歌謠考〉專業性地翻成台文；陳建瑋教授也翻譯好幾篇；住聖地牙哥的林瑞波博士花很多時間，切磋最貼切的字句。這麼強的翻譯陣容，使本書生色不少。最後特別要感謝賴清德市長、薛化元教授及李勝雄律師，他們在事務繁忙中，寫了很中肯及勉勵的序文，引領讀者進入本書的要點。也要感謝讀者們的閱讀和推薦。

生平介紹

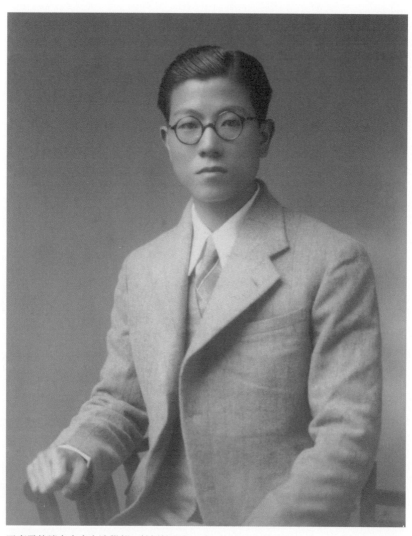

王育霖就讀東京帝大法學部，拍攝於昭和17年（1942）5月10日。

鐵面檢察官王育霖的生平

王克雄

二二八慘案中遇害

日本天皇在1945年8月15日宣布無條件投降後，台灣人以為從此可以出頭天，不再受日本的殖民統治。同年10月25日，依照盟軍最高統帥麥克阿瑟發布的《一般命令第一號》，蔣介石的國民政府代表同盟國接受在台日軍的投降。台北公會堂受降典禮台上掛有同盟國英、中、美、蘇四國同等大小的國旗，以及聯合國旗。從此蔣介石就把台灣佔為己有，看做戰爭的勝利品，大肆搜刮。在1946年1月至1947年2月這僅僅十三個月間，台灣的米價暴升4.8倍、麵粉5.4倍、鹽7.1倍、白糖22.3倍。一座「魚米之鄉」的台灣，轉眼之間竟然變得民不聊生，甚至有人餓死。國民黨的官吏更是貪贓枉法、胡作非為。國民黨的軍隊和警察違法亂紀、欺民擾民、漠視法院，使台灣人民憤恨不平。國民黨所實行的三民主義，原來是「三民取利」或「慘民主義」。那時流行的口頭禪是：美軍轟炸「驚天動地」、日本投降「歡天喜地」、國民黨官員一來「花天酒地」、機關改用外省人政治混亂「黑天暗地」及工廠關門物價飛漲「呼天喚地」。

台灣人對陳儀的腐敗統治已經是忍無可忍了。

二二八慘案是由1947年2月27日晚，專賣局查緝員用手槍槍柄敲擊煙販老婦女的頭，以致頭破血流，引起公憤而引爆的。在短短三個月之間，約有一萬八千至兩萬八千名台灣人被中國國民黨的黨軍殺害。其中受害的王育霖檢察官是筆者的父親，他是東京帝國大學法學院畢業，第一位在日本當檢察官的台灣人，他在大戰後回到台灣，於新竹就任檢察官，是極為傑出的台灣菁英。受害時，年僅滿二十七歲（以足歲計算）。那年的3月14日下午三時左右，有六位穿中山服帶槍的中國兵闖進我父母在台北市大正町七條通的家（靠近現在的中山北路）。他們詰問我父親是不是「王育霖」，父親拒絕回答，但他們翻父親西裝上衣內面就看到所繡的名字，立即把父親扣上手銬。這些中國兵像強盜翻箱倒櫃，把銀行存摺、印章及兩箱裝滿衣物的皮箱要帶走。又看到掛在牆上的大衣和外套，就要塞進已很滿的皮箱，因為關不上，一個兵踏上皮箱，另二個兵才把皮箱束帶扣上。看到他們要帶走父親，我母親問他們說：「我先生沒做什麼壞事，你們為什麼要叫他去？」母親要追出去，中國兵用槍抵住我媽媽的脖子，威脅她，如要動就開槍。這樣子父親被中國國民黨的軍人逮捕，一去不回。

那時我母親帶著剛出生不到三個月的弟弟克紹和兩歲九個月的我，哭得死去活來，整個人都癱瘓下來。母親原來回台南縣官田村的娘家生我弟弟，剛於2月21日來到台北，不到一個月就發生這悲劇，她才二十四歲，人地生疏，不知所措。父親在事發兩天前（3月12日）剛去告別他以前在台北高等學校的美國人英文老師，那時已擔任美國台北領事館副領事的葛超智先生（George Kerr）。葛先生說他即將離任去南京，也勸父親走避。3月13日父親寫了一封英文

18

信給葛先生表達惜別之情（請見本書所錄書信集），並要送他一箱日本的「雛人形」（造型逼真的日本玩偶，見彩色相片第235頁），並請他開吉普車來載。顯然父親自認為沒犯什麼法，沒計劃走避。我父被抓的隔天，母親帶兩個小孩立即去找葛先生，因為語言不通，所以葛先生就帶我媽媽去馬偕醫院，請一位會說台灣話的英國女醫師翻譯。葛先生告訴我媽媽，不要再來找他，否則恐怕反而對父親不利。幾天前的一個晚上，他的朋友借他的吉普車，在台北街上遭到狙擊，所幸子彈打中方向盤，倖免於難，所以他很快會離開台灣。隔了幾天，葛先生叫一位父親在台北高等學校的同學葉世真（綽號Antenna），拿幾罐牛奶粉來慰問。

在被捕以後大約3月23日，父親拜託一位像是黑道的人士來見母親，他和父親一同被關在保安司令部第二處本部（西本願寺），但無罪飭回。這位先生帶來一張印有「台北憲兵第四團」的信箋，上有父親親筆寫：「儘速設法找到劉啓光及林頂立來營救，否則生命危險。」這位先生說，被關的犯人在收拾東西，可能要換監獄，要母親儘快想法營救。母親去找劉啓光（新竹縣長）好幾次，他說會幫忙，卻一直沒下文。擔任合作金庫總經理的母舅劉明朝找到一位外省人協理馬君助，由於他的引介才見到林頂立。等母親說明案由，林立即說：「這件事，我無能為力。」母親怎會知道，眼前的林頂立就是逮捕及殺害父親的劊子手，這實在是很戲劇性的一幕。曾擔任警備總部副參謀長的范誦堯在1993年作證說：「由憲兵成立特高組及林頂立成立特別行動隊，全面逮捕首要份子（包括台灣菁英）。」以及「至於槍斃人犯，多由軍統局林頂立負責。」足見軍統局台灣站長林頂立乃是殺害台灣菁英的主要劊子手。我媽媽曾和陳炘、林茂生、李瑞漢、李瑞峰、施江南、林旭屏等受難者的遺孀

一起去陳情，警備總部卻說他們沒逮捕這些人，可能是被暴徒打死。事實上，這些受難者都列在「台灣省二二八事變正法及死亡人犯名冊」上，被黨軍逮捕、非法處死及滅屍。父親名下的「犯罪事實」一欄是空白，亦即他是清白無罪。這文件附在本書〈中國國民黨是二二八慘案的主謀〉那一章裡面。原來暴徒就是這些中國國民黨的黨軍！

那時母親在台北幾乎是舉目無親，背著嬰兒，到處央求人及尋找屍體。若聽到哪裡有屍體，就揹著嬰孩趕著去察看是否父親的屍體，實在令人心酸。母親回憶說：「那時克雄兩歲多，克紹不到三個月大，我每天忙著找丈夫，一切都靠兩條腿。一聽到哪裡有浮屍，孩子一揹，半夜都去找丈夫，日也去，夜也去。」她還說：「尋人的路途很艱辛，尋人的心情很複雜。去找時非常憂愁，沒找到，還暗自慶幸，回來時，半焦慮半高興。其實這都是自己在騙自己。」也是受難者李瑞漢律師的夫人見到母親孤苦伶仃，就邀母親去住他們家，可幫忙照顧小孩，也可一起去尋找屍體。本書的另一篇文章〈王陳仙槎女士口述歷史〉描寫了母親當年尋找屍體的悽慘光景。這樣折磨約半年，母親只好放棄希望，帶著兩個男孩落魄地回到台南市的夫家，可是另一段辛酸可憐的人生卻在等候我的母親。

台南王家

我阿公王汝禎從孤苦無依的困境，建立生意興隆的金義興商行，成為台南市的望族實在令人敬仰。阿公在五歲時生母過世，到十三歲他的父親也去世，那時家貧如洗，父親的喪費還需宗親捐助。剩下阿公和只有二十五歲的繼母及她所生的兩個弟弟及一個妹妹，更

留下四百餘圓的債務。不幸三年後這兩個弟弟也病亡，繼母失去親生骨肉痛不欲生。阿公擔心繼母改嫁，曾跪下懇求她不要離開王家，並承諾會視她為親生母親，好好孝順她、照顧她。阿公年紀不大就輟學當捐夫（苦力），賺錢養家，他身材高大，可以擔更重的貨物，大家稱呼他「王仔強」。他發覺捐擔貨物很重會越走越慢，他會找半路上認識的親友，把貨物暫寄那裡，可以快步回去也算休息去擔另外一擔貨物，如此他一天可多擔幾趟的貨物。他對繼母的孝順超過一般的親生子，所賺的錢全數交給她，大家稱讚阿公是二十四孝之一。阿公二十二歲開始自己做生意，先用扁擔挑著到處叫賣，然後開小商店。賺了錢以後轉為批發商，賣海陸乾貨、罐頭等等，採購來源從島內擴展到日本、朝鮮及中國。阿公就在台南市當年的精華地區「本町」（現在的民權路）買了一大塊土地。1918年，阿公三十七歲時，蓋了一大棟美輪美奐的建築物：前面三間店鋪做生意用，店鋪樓上則儲存貨物，再來是中庭，接著為中樓（內有大廳、阿公的辦公室與房間），再過去是後庭，最後面就是後樓（內有一個廳堂、飯廳、廚房、房間等等）。中間店鋪與中庭之間全為可拆下的活動門。如果有婚喪喜慶，就把中間的店清空，把活動門拆下，如此中庭就直通到街道，附近人家可進來中庭看演戲。隔了幾年家裡人口增加，又買了隔壁的房子，打通牆壁與本厝連成一氣。阿公也在離開本厝走路約十五分鐘的地方，蓋了一棟純日本式的房子和幽雅的庭院，做為休憩及招待客人的別墅。阿公雖然不能上學，他勤奮自修，中文文章非常好。他沒忘記他年輕時的艱難，經常幫助貧困、資助學費、接濟親戚、修理寺廟等等。為了慎終追遠，阿公發起設立王姓大宗祠，讓大家可以孝敬祖先。宗祠牆上的題壁是由孫維禎先生起草，台灣才子林茂生書寫。中間有一段：「各立門第，

阿公王汝禎佩帶日本政府頒給勳章，在昭和18年（1943）2月22日攝於台南市法華寺。

蓋聞宗廟之禮所以序昭穆祠堂之義所以追遠祖其禮特崇其義甚大是知祖考之致祭實于孫之孝思本源雖遙傳統承繼萬脈頻分一脈連緜由有先人乃多後裔敬振其德進念其功是用遵考永彰祖惠粵稽我祖肇自成周歷代相傳支系綿遠臺灣僻處海外熾昌流分派別地北天南各立門第未建宗祠心有所繫惟汝禎君出為倡首精心銳志期在必成暨諸當事熱誠勵勵同志宗親集資共濟祖廟告成祠普定例上祀先公威儀棟々愛洽散親於已承繼於萬斯年其功績當與宗祠并存不朽己

歲在乙亥孟秋之月　臺南　林茂生敬書

關廟裔孫維楨謹撰

王姓宗祠題壁由孫維楨先生起草，台灣才子林茂生先生書寫，記下王汝禎對宗祠的貢獻。林茂生也不幸在二二八遇難。

鐵面檢察官王育霖的生平

未建宗祠。心有所繫，惟汝禎君，出為倡首，精心銳志，期在必成。」記錄了我阿公為建宗祠的努力。林茂生後來擔任台大文學院院長，也在二二八慘案中被害。我阿公更發起成立私立的「愛護寮」來收容乞丐及流浪漢，足見他又慷慨、又有愛心。阿公多次獲得政府的表揚，更被選為日本紀元2600年紀念慶典的台灣民間代表去觀禮。他自述：「蓋由其始以信義為本，其後以勤儉為基，中間不眠不休，日夜奮鬥，受盡無窮苦況，致有今日之境遇。」更勉勵子子孫孫：「望爾後輩知前輩非容易之創業，必宜比汝禎加倍奮發，經以營之，守以成之，永垂世代。」

阿公的繼母（吳氏俗）有三寸金蓮的纏足，表示出生於名望之家，她和藹可親，甘心貞烈守節，撫育孤兒，襄助兒子創業，口碑載道。阿公為了報答繼母養育之恩，大大慶祝她六十大壽的生日，賓客三百餘人，演劇熱鬧半個月，救濟貧民白米二十石。1928年她更榮獲日本賞勳局頒給「綠綬獎章」，這不只是王家的榮耀，也是台南市與台南州的光榮。阿公的繼母於1931年不幸過世，全家非常哀傷，辦了台南市前所未有的大喪禮。出殯的隊伍非常長；棺材特別大，需卅二人抬。王則修先生為我祖父立傳曰：「有孝子方堅節婦之心，有節婦始成孝子之譽，相觀而善，相得益彰。家之慶亦國之光也。」

阿公年輕時要結婚的錢是向他的五叔借的，因為被催要還錢，剛結婚的大嬤（洪氏銓）立即拿出她陪嫁的金器首飾來典當。到了新春初二依例要回娘家省親，她沒有首飾戴，只好謊稱生病不能回娘家。她勤儉持家，幫助阿公建立家業，阿公對她言聽計從。大嬤不能生育，讓她非常痛苦，也就收養一男一女：以成及錦珪。但由於大嬤的溺愛，以成變成流氓，被阿公趕出家門。錦珪（大姑）也

任性好賭，後來嫁給杜新春，是位窮秀才，阿公出錢幫助他完成學業，成為台灣人的第一位法官。可惜杜新春四十四歲就過世，讓阿公的驕傲落空。

阿公還是希望有自己的親生骨肉，大嬤拗不過只得同意阿公娶毛氏新春（二嬤）為妾。她來自左營舊城，母親好幾次帶我兩兄弟去舊城省親。二嬤入門卻過了四年才生女兒，阿公擔心沒有兒子，所以又收養淵源（大伯）給大嬤，及娶蘇氏揚（三嬤）為妾。此後二嬤和三嬤爭相生孩子。二嬤生了錦香（二姑）、錦碧（四姑）、育霖（父親，排三男）及育德（五叔）；三嬤生錦瑞（三姑）、育森（二伯）、育棋（四叔，二歲就夭折）、育彬（六叔）及育哲（七叔）。有這麼多孩子，阿公引以為傲，他特別重視教育，兒女須入私塾或在家請老師教漢文。二嬤又美麗又能幹，溫柔待人，深得阿公及大家的喜愛。也因此讓大嬤非常嫉妒，所以聯合三嬤來欺負二嬤，使二嬤及她親生的孩子們非常痛苦。

父親生於1919年11月15日，他聰慧過人，身體卻很虛弱。他在末廣公學校（現為進學國民小學）一年級至六年級都當班長。一位年輕的下門辰美老師連續六年教父親那一班，除了功課逼得很緊，老師還自掏腰包買參考書給學生讀。下門老師更用斯巴達式教育鍛鍊學生的身體、毅力及自信，甚至教這些小學生學日本相撲力士互摔。那時台灣只有一所台北高等學校，這是全島中學畢業生要進入大學的主要途徑。台北高等學校設有尋常科，相當於附設中學，讓小學生直升高等學校，還成跳級生，比一般中學生少讀一年。尋常科一年錄取四十名，只開放百分之十左右給全島四至五名的台灣人小學生，其餘日本人佔去。在下門老師那一班，包括父親竟然有三位台灣人同時考上尋常科（台北高校尋常科的「入學許可通知書」

昭和3年（1928），阿祖吳俗佩帶「欽定綠綬褒章」攝於台南市本町金義興王府，她綁有三寸金蓮。

阿祖吳俗之喪禮中的紙厝，攝於昭和 7 年（1932）。

見第42頁）。一時名聲大噪，報紙刊登了三個小孩的照片，末廣公學校變成了名校。

台北高等學校

1932年進入台北高等學校尋常科時，父親才十二歲。想到小學剛畢業的學生，就要遠道一個人去台北讀書，遠離父母，實在不容易。本來他身體就不太好，在台北沒有二孃的細心照顧，尋常科三年級時患了肋膜炎。二孃趕去台北看護他，搬離宿舍，在外面租房子，吃得比較營養，這也是母子一段很甜蜜的時光。半年後父親身體好了，二孃回台南的伴手禮是購買一桶台北出名的鹹漬淡水毛蟹，回到家送給大家吃，也給了鄰居。不料毛蟹內有寄生肺吸蟲，一時天翻地覆，很多人得重病。大孃及三孃更怪罪二孃，說她意圖殺害大家，使她非常懊悔，痛不欲生。所幸藥品有效，大家得以痊癒，然而二孃吃最多毛蟹，又內心痛苦，以致沒法勝過肺吸蟲而逝世。那時父親十五歲，五叔育德才十歲，親姊錦香已出嫁，另一位親姊錦碧隔年也出嫁，父親和五叔失去媽媽的照顧，在那勾心鬥角的大家庭，兩人倍覺孤苦伶仃，相倚為命。

父親失去媽媽非常傷心，有些自暴自棄，又沒人照料，不久就得肺結核病，只好在期末考後回台南休學一年。想到一年後回到學校，變成留級生，可能會遭人恥笑，他那時極為灰心，感傷得想要自殺。父親在本書的另一篇文章〈期待明天的人〉中，很生動及深刻地描述當時的心路歷程。文章裡，他自稱為董生，欺負他的董由就是與他年紀相近的二伯育森。在此回想我自已，也是自小體弱多病，母親一直擔心我會夭折養不起來。我幼稚園讀沒多久，就得休

學，也就沒讀幼稚園，直接上成功國民學校。國民學校一年級，還是經常生病，母親只好把我送去官田鄉下讀二年級，讓外嬤調養我的身體，上學也是半玩半讀。到了三年級轉回台南市，發覺程度差很多，從原來第一名掉到後面去，約過一年才趕回來。到了中學我就很健康，從不請病假。父親在休學那一年，痛定思痛，努力鍛鍊身體，生活極有規律，就強壯健康起來，與以前判若兩人。在尋常科四年級甚至得到劍道四級的證書。父親常說，是他媽媽把她的歲數轉贈給他。

1936年，父親回去讀尋常科四年級。到了秋天，他和弟弟育德到日本探望嫁到神戶蔡家的親姊姊錦碧。台灣人有一個習俗叫「舅仔探」，結婚後兩三天，新娘的兄弟去探望剛嫁出去的姊妹。雖然結婚已經有好幾個月，去神戶的探訪仍然像是「舅仔探」。蔡炳煌先生（父親稱呼他炎叔仔）同為台南市人，是阿公要好的朋友，蔡家在神戶也是做海陸乾貨的進出口，兩家門當戶對。蔡家三男東興可配王家的錦瑞或錦碧，兩位小姐條件都非常好，結果炎嬸仔選錦碧，她的理由是二嬤婦德很好，教的女兒絕對錯不了。這可讓三嬤很生氣。二嬤去世以後就是錦碧姊在照料育霖與育德，因此這三人在神戶重聚特別激動，錦碧姊忍不住眼淚一直流下來。育霖與育德暢快且新奇地遊覽神戶、京都、奈良、法隆寺、吉野、大阪等地方。

然後他們去東京探望親姊姊錦香，二姊夫黃龍泉非常聰明，可過目不忘，東京帝大工學部畢業，是第一位由東大工學部畢業的台灣人。抵達東京的第二天，他們兩兄弟馬上去參觀慕名久久的東京帝大，感受那宏大的校園，沉浸在最高學府的氛圍中。育德回憶育霖兄在那裡給他的勉勵：「可要好好看喔。這就是名滿天下的東大。也沒有多少日本人能從這裡畢業，台灣人的話，大概不過五、六十

台北高校辯論部巡迴辯論會的剪報。1938年7月13日，王育霖抵達台南市，在公會堂的
辯論大會的題目是「真的學問之道」。

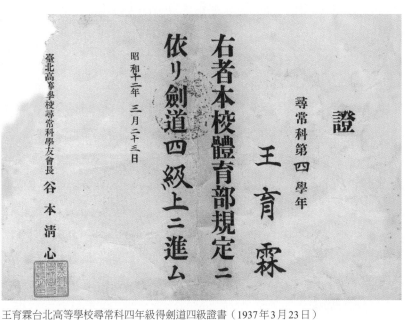

王育霖台北高等學校尋常科四年級得劍道四級證書（1937年3月23日）

人吧。我打算進到這裡，你也一定要來。我們兄弟能夠一起進到東大的話，想想看，該是多好的事呀！」

我父親從台北高等學校尋常科畢業，就直升該校的文科甲組。日制的中學讀五年，但四年級就可考入高等學校，因此，高等學校的三年，相當於現在從高二到大一，但要博學，就需閱讀很多國內外的書，啓發學生的思考力與創作力，同時也注重英文。我父親的英文能力相當不錯，他的英文老師就是美國人葛超智，那時葛氏年紀才二十五歲出頭，跟學生打成一片，暑假時會拜訪學生，順便到台灣各地旅遊。〈日記摘選〉一章是我父親文科一年級（1937-1938年）的日記摘要，可以看出他是一個非常有志氣的年輕人，他應走的路是要：「正義！堅強！帶給所有人幸福！」他也認為要大家來支持你的意見，必須敢在眾人面前有說服力、有條理地說清楚，所以他參加辯論社。他苦練演講，甚至跑到海邊去大聲練習。辯論社不僅在校內活動，也到台北公會堂公開演講，更遠征中南部。本書「詩集」一章當中收錄的其中兩首詩：〈台高舞〉和〈今日一別何時見〉，就是遠征途中的作品。我父親於1938年7月13日抵達台南市，在離台南王府很近的公會堂開辯論大會，那天我父親的題目是「真的學問之道」。我阿公也很高興宴請我父親這群台高的同學。

父親喜歡寫作，漢學非常好，他在台北高校的文藝社非常活躍。本書收錄很多父親的文學作品這些作品有相當的水準和獨到的見解，所以他也是一位文學家。父親也和當年相當出名的日本人作家西川滿有來往，「書信集」收錄西川滿的一封信。在1940年3月父親贏過所有的日本人，以第一名的成績畢業台北高等學校，實在令人佩服。阿公很高興，把光宗耀祖的期望放在育霖身上。

東京帝國大學

　　看到封建的台灣社會，父親從小就認為社會要革新，又看見台灣人受到日本人很多不合理的待遇，父親就立志讀法律，將來要為台灣人爭取權益。他唯一的目標就是東京帝大的法學部，那是最難考的，但他卻自信滿滿。只是沒想到第一次竟沒考上，台灣秀才通常比不上日本的秀才，只好更努力準備，終在隔年四月進入他夢寐以求的東大法學部。過了幾個月暑假回到台灣，媒婆就趕著要他相親。為了避免正式相親又沒成功，大家會沒面子，所以先安排「偷看」。地點選在台南市林百貨對面的一家大雜貨店，媒婆把小姐帶來那裡買東西，父親則帶育德弟弟去壯膽。父親沒有勇氣進入店裡，在店門口徘徊，育德弟則跑到那漂亮的小姐旁邊，前面後邊看得好仔細。顯然第一印象不錯，接著在測候所後面的一間有名的日本餐廳「鶯料理屋」（參見下頁彩色照片，現為古蹟）正式相親，然後訂了婚事。隔年暑假（1942年7月17日）在台南市王府金義興隆重舉行結婚典禮。新娘陳仙槎出身自台南州曾文郡官田庄望族陳府。1898年，她的阿公陳人英被任為麻荳辦務署參事，並蒙日本政府賜佩紳章。隔年兼任保甲局局長，盜匪首領多人先後正法，厥功至偉。轉任台南廳參事，後又被選為赤山煉瓦會社社長。她的父親陳自東曾留學日本，經營龐大田產，不幸三十八歲英年早逝。她的母親劉氏彩蘋娘家之祖先劉茂燕為鄭成功之武將，世居查畝營（即台南縣柳營），曾出過三位舉人，富甲一方，熱心公益。母親劉氏彩蘋的三位弟弟：劉明哲（親弟弟）、劉明朝和劉明電（皆堂弟），極為關心台灣社會，有識之士稱他們為「劉家三兄弟」。明哲曾任台南市第一屆商會理事長及第一屆市議員，明朝曾任台灣合作金庫

王育霖與陳仙槎在1941年相親的地方——鶯料理屋，現為台南市古蹟之一。

王育霖與陳仙槎訂婚，拍攝於昭和16年（1941）8月26日。

鐵面檢察官王育霖的生平

王育霖與陳仙槎在昭和17年（1942）7月27日結婚的婚紗照

王育霖之親生母親與親弟育德（由左）、親姊錦碧、親姊錦香及育霖。

鐵面檢察官王育霖的生平

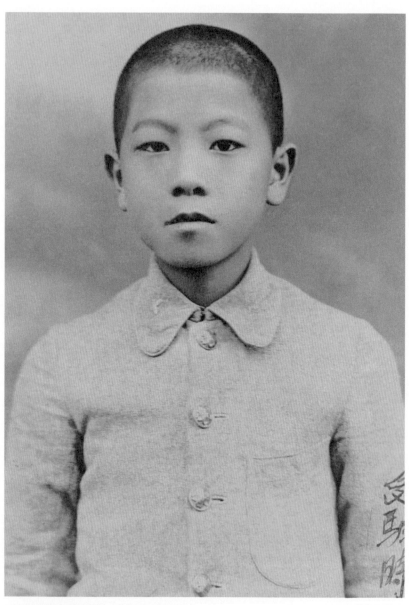

王育霖就讀末廣公學校六年級，昭和7年（1932）

王育霖就讀台北高等學校尋常科

鐵面檢察官王育霖的生平

王育霖就讀台北高等學校文科

昭和17年（1942）7月27日，王育霖與陳仙槎在台南市本町金義興王府舉行結婚典禮。

入學許可通知書

王　育　霖

昭和七年四月本校尋常科第一學年二入學スルコトヲ許可ス

追テ四月一日午前十時入學式ヲ擧行スヘキニ付父兄同伴本校二出

昭和七年三月

學校長谷本清心

王育霖由公學校考上台北高等學校尋常科之入學通知（1932年3月）

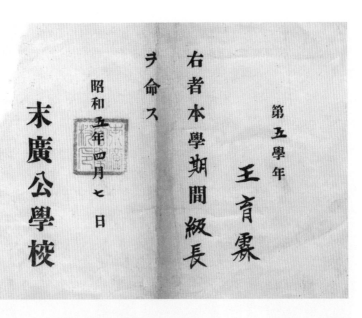

上：王育霖公學校五年級長任命狀（1930年4月7日）
下：王育霖公學校六年級褒獎狀（1932年3月18日）

鐵面檢察官王育霖的生平

1945年，王育霖夫婦與長子克雄攝於日本京都。

上：王育霖夫婦使用的瓷碗
下：王育霖夫婦使用的茶具

鐵面檢察官王育霖的生平

上：王育霖的錶與印章
下：王育霖在日本所戴的紳士帽子

王育霖在日本擔任檢察官所穿著的法袍

鐵面檢察官王育霖的生平

王育霖（第一排左四）與東大空手道同學合影。他為了鍛鍊身體及自衛，勤練空手道。

總經理及當選第一屆立法委員，明電留學德國崇尚共產主義旅居日本。母親劉氏彩蘋既來自柳營名望之家，也就依習俗纏著三寸金蓮。她守寡撫育三男一女，極為重視教育，孩子們都從鄉下送到台南市讀書。母親陳仙槎生於1922年9月17日，跟父親一樣就讀末廣公學校，然後就讀台南第二高女。那時第一高女主要給日本人讀，台灣人上第二高女。中學畢業後去日本東京讀洋裁學院。

我父母親結婚以後旅居東京，父親繼續讀東大法學部法律科。除了讀書以外，也勤練空手道，並拿到一段的資格。他認為司法官常和壞人作對，空手道可以鍛鍊身體，也可保護自己。在大學三年級中，就考取非常競爭的日本高等文官司法官考試。父親於1943年9月於東京帝大法學部法律學科畢業，雖然他以非常優越的成績畢業及考上司法官，日本人卻不願父親當他想要的檢察官，因為檢察官可以指揮警察，尤其在戰爭時期檢察官權力非常大，因而不讓台灣人當檢察官。所幸東大法學院院長穗積重遠男爵大力推薦，終於在1944年3月參加了「京都地方裁判所」斷斷續續經過一個月的司法官試補考試（見書信集內父親給五叔育德1944年3月底的信）。父親剛畢業，沒被派往偏遠地區，而是進入當時日本的第二大法院「京都地方裁判所」。1944年4月底父親到京都上任，成為第一位在日本擔任檢察官的台灣人，為台灣揚眉吐氣。（見《百年司法——司法、歷史的人文對話》第31頁）

五叔育德在台南一中四年級就要考台北高等學校，父親特別從台北回來，帶五叔去台北應考。他考上文科甲組，相當於跳級一年。高等學校畢業後，五叔要考東京帝大經濟學部，可惜沒考上。隔年重來，還是進不了經濟學部，也就退而求其次進入文學部，終於達成父親要兩兄弟都進入東京帝大的期望。進入文學部支那哲文學科，

反而讓五叔充分發揮他的專長，也促成他對台灣語文的重大貢獻。由於父親的英文好，所以他常看英文的新聞，例如「the Current of the World」。到了1944年，德國已節節敗退，日軍佔領的太平洋島嶼也遭美國飛機轟炸，這樣的消息日文報紙不太報導的。而且日本國內糧食嚴重短缺，撐不了太久。如果美軍轟炸日本，住在日本也有危險。另外在糧食短缺及漲價的情況下，阿公寄給五叔的生活費已不夠用，三餐也吃不飽。那時已有往來台灣與日本的船隻被美國潛水艇的魚雷打沉，五叔還是決定要冒險回到台灣。五叔要從東京坐火車到門司港，先打電報約父親在京都月台相見。不料父親遲到五分鐘，沒見到親弟弟，所以趕搭火車追去門司。父親沒有船班的資料，在門司找了很久，終於在五叔要上船前找到。兩兄弟緊握著對方，深感生離死別之痛苦。父親帶給弟弟一條乾柴魚，跟他說：「這個柴魚乾你拿著，即使在海中也不會溶化，咬一口可以稍微充腹。」所幸在1944年5、6月間，五叔平安回到台灣。在書信集內有父親在1945年4月2日給五叔的信，可感受到對弟弟關切之情。

京都檢察官

父親在京都當檢察官時，在京都著名的清水寺前一家賣瓷碗店的後面租房子。筆者王克雄於1944年6月在那裡出生。在9月24日，我父母親帶我上清水寺去求神保佑。竟為我抽到第一大吉的籤：「七寶浮圖塔，高峯頂上安，眾人皆仰望，莫作等閑看。」他們非常高興，把這張籤很寶貝地收藏，直到現在，把很多期望待寄在我身上。很可惜，我的聰明才智比不上父親。2008年我參加海外廷昌後援會，從美國回到台灣助選，選完總統順道去日本觀光。我去拜訪那家瓷

昭和十九年
九月二十
四日仙後
克雄ヲ
連ニニ
清水寺
二参ヲ詣
セリ
克雄初
官参ニ
此ノ良
籤ヲ引ク

洛東音羽山清水寺

第一大吉

七寶浮圖塔
高峯頂上安
衆人皆仰望
莫作等閑看

昭和19年（1944）9月24日王克雄三個半月大時，王育霖夫婦帶克雄去京都清水寺參拜，竟抽出第一大吉最好的籤，這張籤保留到今天。

鐵面檢察官王育霖的生平

碗店，房子還是一樣，原來店主的後代仍然經營著那間店，還送我一些小瓷器。大戰時，物資缺乏，大人身體衰弱，有些嬰兒也因營養不良而夭折。有一次我媽媽生病，四姑錦碧來探望，她自告奮勇把我帶去神戶照顧，好讓母親休息養病。四姑去溪邊抓青蛙給我們滋補，日本人不吃青蛙，只好對人說是要回去餵雞鴨。由於戰爭期間在日本營養不足，我也就自小體弱多病。

父親生性耿直，對於犯人他本著毋枉毋縱的原則細心調查。他很有憐憫心，遇到小過錯，他則從寬處理，給予自新的機會。有一天他回來失望地跟母親說，有一個老人出獄沒多久，窮得沒飯吃，趁著天黑去偷採約六斤的蔥。在戰爭期間，六點以後算是戒嚴，罪加一等，又有前科，必須求刑五年。父親覺得太重，但又無能為力，只能嘆氣。戰爭期間，台灣留學生處境艱難，因為台灣家人的匯款不穩定、不夠用、有些甚至斷絕，父親就盡量協助他們。我父母親會邀請留學生來家裡聚餐，也鼓勵他們。李登輝總統在京都帝大讀書，也來過我們家。那時學生的配給很少不夠吃，有些台灣留學生多報幾處戶口，多領幾份配給。日本警察調查很嚴，如被發現，就會關進監獄，也不准接見。父親會關照獄方，准予接見及送進東西。有一位許姓的青年，在台灣受訓，要調去南洋當軍醫，他父親在神戶經商，就趁機逃來日本。當年的逃兵罪很重，因為警察不能隨便進入檢察官的房子搜查，因此跑來躲到我家，準備過海往朝鮮去。他算是幸運，還沒渡海，大戰就已經結束了。母親曾問父親為什麼要當檢察官？他說：「救台灣人離開艱難的處境，是我當檢察官的目標，也是我一生的理想。」

到了大戰末期，美軍開始轟炸日本。美國轟炸機列隊，大部分在晚上，一隊又一隊先飛過好幾個大城市，然後去炸目標城市。這

些大城市都在緊張的空襲警報中，一個晚上下來，隔天大家都筋疲力絕。轟炸機飛得很高，日本高射砲打不到。日本戰機一上去，也很快被美國戰機打下來。因為京都是古都，有很多寺廟及文化遺產，美國刻意避開京都去炸別的大城市，我家也就躲過被轟炸的危險。1945年8月6日美國在廣島投下第一顆原子彈，接著8月9日在長崎投下第二顆原子彈。這兩顆原子彈殺了約十萬五千至十二萬名日本人。雖然日本報紙不敢報導詳情，法院方面已知道災情慘重。父親立即決定要疏散到京都附近的鄉下小鎮小諸，也由於他是檢察官才能隨時買到火車票。火車上有從原子彈災區逃難的人，有些臉被放射線照到，一邊是黑色，這些人後來大部分活不下去。在路上火車遇到美國飛機掃射，火車鑽進隧道躲避，可是火車煤煙幾乎讓人窒息。所幸8月15日昭和天皇宣告無條件投降，台灣人可以回到久違的故鄉，也不必再看日本人的臉色。

　　大戰結束，父親被推選為京都的台灣同鄉會會長。最重要的工作是交涉及安排船班給這些歸心似箭的台灣人。那時物資極端缺乏，但父親知道政府還有一些存貨。趁著日本天皇將到京都平安神宮祭祖及報告大戰結束，父親和一些台灣人提出申請，要求特別救濟。日本官員怕事情鬧大，就發給台灣人每人一件軍衣、一條毛毯及一雙鞋子。這些可以賣出，換錢買食物。有一位年僅十八歲的基隆人，名叫阿深，生活困難，竟然去搶一間舊書店老闆娘的錢，可能她大聲叫，阿深失手打死她。又怕被人發現，把屍體藏在防空壕內。在戒嚴時期，殺人滅屍，會被判死刑。父親沒分到這個案件，但他憐憫這個年輕的台灣人，就四處奔走，想辦法減為無期徒刑。皇太子還沒娶親，等皇太子的結婚大典，依往例會大赦，阿深就有機會回到台灣。雖然那時忙著打包回故鄉，父親仍然運用他的交情，向同

僚一再解釋說，這個年輕人沒有台灣的接濟，生活不下去，是失手打死，不是蓄意謀殺。終於沒被判死刑，救了一命。

回歸故鄉台灣

我們於1946年1月終於回到久別的故鄉台灣。一進台南家門，見到阿公，父親拉著母親跪下去，母親還抱著我，向阿公陪罪說：「兒子不孝，戰爭期間，不能在父親身邊盡孝，請父親赦免。」阿公及我的父親都是非常孝順的人，可做子孫們的好榜樣。父親滿懷熱誠與期待，回到自己的國家，不必聽日本人的指使，可以好好地為台灣人服務。在台南家裡休息沒多久，便於1946年2月22日起擔任台北地方法院檢察處檢察官。旅居聖地牙哥的許庭榮先生那時是台北地方法院的法警，他說父親還沒到台北，法院就在傳講有一位極為優秀的檢察官要來，是東京帝大畢業，也是第一個在日本當檢察官的台灣人。尤其一些還留在台灣的日本人法官與檢察官搶著要和父親見面。接著在3月22日，父親被轉派到新竹地方法院檢察處服務。

父親個性耿直、不懼權勢、積極辦案、懲治惡霸，希望幫助台灣成為一個較美好的家園。他到新竹就接辦幾個大案，我們可以提三個例子，就可瞭解他的辦案態度。

（1）新竹船頭行案

台灣本來是糖米之鄉，但中國國民黨政權統治台灣不到一年就物價飛漲，部分原因是官商勾結，大量走私糖與米到中國大陸。父親認為必須嚴懲這些人，才能幫助台灣老百姓的生活。他據報去船頭行（進出口商）查走私案件，人贓俱獲，即刻把七、八人全都關

起來，大快人心。這些奸商就央請父親小學的同學柯先生來家行賄，看到兩歲的我就把一大包的錢塞給我，說是要給我買牛奶喝。父親看了極為生氣，大聲要他立即把東西帶走，不然他就統統丟到街上去。那人只好很尷尬地離開。

（2）新竹鐵路警察貪瀆案

三位新竹段的鐵路警察張之科、丘應健及何仰湯被人檢舉貪汙，父親把他們提起公訴。他們很生氣，竟然拿槍要打父親，新竹代首席檢察官張光祺對他們說：「一個王檢察官你可以打死，可是法律你可以打死麼？」足證國民黨的軍警真是無法無天。這一消息可參照父親所寫的評論〈法律是打不死的〉那一章。

（3）新竹市長郭紹宗瀆職案

空軍第二十六地勤中隊把日軍留下的庫存乾麵包、鳳梨罐頭等食品移交新竹市政府，規定分給貧民及學校員生，結果卻發現在市場賣。空軍就向新竹地檢處告發，請求查辦。很多報導都說是「粉蟲案」，貪汙救濟奶粉，這是因為母親把另外一個案件和這件混在一起。報紙和葛超智的筆記也寫是日軍留下的軍糧。本來這案件不是輪到父親，但代首席檢察官張光祺知道這案件難處理，他看重父親，就要父親經辦。父親傳新竹市政府總務科長來查問，結果市長郭紹宗（前陸軍少將）庇護他，屢傳不到。更有人傳話威脅父親，說他們有大官在撐腰，如敢起訴，你會很後悔，但父親不為所動。父親為了盤問相關人員及追查證據，經過上司的許可及拿到法官發的搜索令，於1946年8月9日帶六名憲兵、二名法警及書記官去新竹市政府調查。新竹市長拒絕調查，並叫警察局長調來大批警察，

王育霖檢察官帶六名憲兵、二名法警及一位書記官到新竹市政府調查，刊於《民報》1946年8月13日。

在混亂中，更搶走父親的搜索令及卷宗。事後謊稱是父親違法包圍新竹市政府。父親帶隊只有十人，大都在二樓總務室那裡，怎可能包圍這麼大的市政府？新竹市長更向台北上級誣告說，父親侮辱在場的聯合國救濟總署的醫生。葛超智說，Hirschy 醫生正好要離開，他跟父親只是擦身而過，並沒說話，那有侮辱之事？總之，上層施加壓力，逼父親辭職。父親就乾脆遞上辭呈，於 1946 年 9 月 4 日把經手案件全移交新任檢察官陳世榮而離任。葛超智保留了兩封我父親寫給他的英文信，收錄在「書信集」那一章。於 1946 年 9 月 18 日我父親寫道：「我主張司法要獨立，……以及對犯法的人與為非作歹的官員要積極起訴，但被掌權的上司所反對，可是台灣人卻非常稱讚我。最後我被迫辭職，可是我不後悔，因為我盡了我的責任。」他堅持懲治貪官汙吏，就是丟掉檢察官的職位，也在所不惜。

1994 年 3 月 6 日，李登輝總統來拜訪母親時，李總統特別讚揚：「王檢察官為人正直、主持正義、嚴緝貪汙不法，肯定他的打老虎不畏特權的精神，但不幸受害。」李總統的拜訪記載在〈李總統南下拜訪王育霖遺孀〉一章。父親不受利誘，不畏權勢，秉持法律，維護公義，確實是一位令人敬仰的「鐵面檢察官」。

在此值得一提的是首席檢察官張光祺，他要父親辦好新竹鐵路警察貪瀆案及新竹市長郭紹宗瀆職案，上司竟然要他逼父親辭職，讓他左右為難，非常氣憤。本來身體不太好的張首席檢察官，竟然因過於憂恨，不久於 1946 年 10 月 28 日過世，享年三十四歲。他留下遺書謂：「欲建設新台灣以為新中國之基礎來台赴任，與台胞協力。不幸檢舉，新竹鐵路警察瀆職、新竹市長郭紹宗瀆職案以來，與上方及各方面感情大有出入，勞心盡苦遂致此病。今雖將入鬼界，深望有志盡力等語。」很顯然張首席檢察官向上司為父親辯解，以

留下憤世遺書而亡

日：因瀆職案與上方感情出入

【新竹訊】新竹地方法院檢察官張光祺（福州人早大出身）於十月二十八日下午十時死亡，遺族一妻一子（十四歲），享年三十四歲，二十九日下午午二時出葬，會葬者歐路警察院長，林典獄長，陳市郭沼綜警察局長黃縣警察局長管轄各區警察所，司法主任，張市參議會長，市民等五百餘各花環萬

新台灣以爲新中國之基礎來台赴任，與台胞協法堂盛況。

病因肋膜炎腹膜炎遺書，洋線，製紙，接收之工廠，計製果，大和化學等……服，……一廠，其中被服工……瀆職，新竹市長不幸檢舉，新竹鐵濱職案以來，與上方及各方面感情大有出入，勞心盡苦逐致此，病今雖將入鬼界深望有志盡力等語」。

台南舉行

【中央社台南廿七日……】青年團台南區團部……之慶祝團長壽辰及……

上司要新竹代首席檢察官張光祺逼王育霖辭職，讓他左右為難，非常氣憤。竟然過於憂恨，不久於1946年10月28日過世，僅享年三十四歲。他留下了憤世遺書。

呈為離任事　職本日在本處將所承

辦案件一切向陳世榮檢察官移交

完畢自本日欲離任特此報備

呈

新竹地方法院首席檢察官謝　轉呈

臺灣高等法院首席檢察官櫟

職　王育霖

中華民國三十五年九月四日

王育霖於1946年9月4日辦完任務交接，自新竹檢察官離任。

致與上司不合。同時他的外省朋友也責備他怎可辦外省人？張首席檢察官為了台灣的司法公義而憤恨致死，實在值得台灣人的敬佩。七十年後的台灣，已經沒有外省人與本省人之分了，剩下的只有：如果你認同台灣這塊土地及愛台灣的民主自由，那你就是台灣人；如果你只愛大中國及不重視台灣人的人權，那你就是中國人。

離開新竹地方法院，父親準備到台北轉當律師，但依規定，司法官必須休息一年才可轉業律師。那時陳文彬先生剛到台北建國中學當校長，請父親去當英文及公民的老師，其後父親也擔任延平學院教授。台灣大學文學院院長林茂生博士是母親娘家的親戚，也是父親東京帝大的學長。林院長開創了《民報》還不到一年，就邀父親幫助，父親也當了《民報》的法律顧問。他不只為報社的法律問題服務，還開辦「報上法律顧問欄」，免費為讀者解答法律問題。父親深感司法必須改革，他除了參與《民報》的社論寫作，也以筆名王銘石在民報發表評論：〈何謂法治國？〉、〈法律是打不死的〉及〈報紙負責人的法律責任〉，本書亦轉載這三篇評論。父親在新竹地方法院的遭遇和其他在台灣不遵守法律及不尊重法院的事情，讓很多司法官與律師們非常憤慨。那時父親和一些法律人就籌組召開一個全島性的會議，來討論台灣的司法問題，希望能有些共識，以期要求國民黨政府保證不再干涉司法人員之執行任務。由於這樣的呼籲，促成了官方的「台灣省司法會議」，由 1946 年 12 月 22 日開始至 26 日為止，全面討論司法上的種種問題，可是並沒有對政府官員干涉司法、軍警蔑視司法等核心問題有所決議。

《中華民國憲法》是於 1947 年 1 月 1 日由國民政府公布，規定同年 12 月 25 日開始實施。這個憲法帶給台灣人很多憧憬，以為到時候便有法治的社會，屆時父親甚至希望出來競選立法委員，幫忙制定

本報創設
法律顧問
免費解答讀者質問

本報為服務讀者起見，特創設報上法律顧問欄，聘請日本東京帝大法學士前新竹地方法院檢察官王育霖氏負責主持。凡有關法律問題，讀者可自由免費投函本報質問。但須具體簡潔寫明問題要點。對讀者質問每星期一次以公開方式在報上解答，恕不直接答覆。希望讀者諸位多多利用是為至盼。

王育霖在《民報》開設「報上法律顧問欄」，免費解答法律問題。

好的法律，維護人民的權利。父親也加入「台北市人民自由保障委員會」，爭取人民應該擁有的言論自由及法律保障。他寫了《提審法解說》，於1947年1月15日由「台北市人民自由保障委員會」刊印，同本有中文與日文，用較淺顯的文字讓人民容易瞭解。《提審法》原來於1935年6月21日由國民政府公布，因戰爭等關係，才剛於1946年3月15日公布實施，用來保護人民身體之自由。依據當時的《中華民國訓政時期約法》第八條，人民如被逮捕拘禁，其逮捕機關應在二十四小時內移送法院，他人也可要求法院於二十四小時內，從逮捕機關提審。《提審法》就是規定此提審手續的法律。這本《提審法解說》對提審法有深入精闢的分析，並列舉實施上會遭遇到的問題。父親結論說：「提審法，能不能發揮其機能，……是在於實際上能得逮捕拘禁人民的機關，有沒有守法的精神！」李勝雄律師以他專業的瞭解，在他的序文上相當地推崇這本書。這本《提審法解說》也轉載在本書上。父親對國民黨政府還抱著希望，要求司法改革，結果軍事機關逮捕父親，並沒依法轉送法院，就處決滅屍。一個強調《提審法》的人，竟然被不守《提審法》的軍人及特務所害，國民黨政府的確是無法無天。

父親要離開新竹去台北時，母親已經懷孕七個月，就回到台南縣官田鄉娘家等待生產，得到外孃很好的照料。我的弟弟克紹於1946年12月中旬出生，白白胖胖，比我壯很多。父親就常回台南來探望妻子和新生的兒子，也參加他弟弟育德在1947年1月5日的婚禮。父親對新娘林雪梅小姐說：「我從小時候起，經常都牽掛阿德的事。雖然想留在他身邊保護他，卻又差了四個學年，學校一直都錯過，無法同校，沒有辦法和他作伴。阿德能建立家庭，接下來有你在他身邊，我也覺得放下肩頭重擔了。」足見父親多麼關心及照

顧弟弟育德。母親生克紹兩個月後，於1947年2月21日帶一個嬰兒和我來台北和父親團聚。沒想到一個禮拜後，二二八慘案就開始了。

為何在二二八受害

中國國民黨台灣省黨部內設有調查統計室（調統室），並在各地布置忠義調查員。大溪檔案中有這樣一份情報，1947年3月12日中統局報給蔣介石：「9、10兩日國軍陸續開到，警察及警備部軍士即施行報復手段，毆打及拘捕暴徒，台民恐慌異常。台省黨部調統室曾建議警備部，應乘時消滅歹徒，並將名冊送去。警備部十日晚起開始行動，肅清市內奸徒。」這個情報證明兩件事情：第一是援軍從1947年3月8日開始抵達台灣以後，就對台灣人採取報復性的無情屠殺，台灣人異常恐慌；第二是照名冊逮捕及謀殺台灣菁英。「乘時消滅歹徒」證明國民黨藉著二二八的動亂，趁機謀殺無辜的台灣菁英。一般來說，名單是單頁，名冊是很多頁訂成一本。軍隊剛來台灣，不瞭解台灣的內情，國民黨台灣省黨部的半山們才知道誰是台灣的菁英。事件發生沒幾天，不可能就已完成調查，可見國民黨早有預謀，要殺害這些台灣菁英。吳濁流在《台灣連翹》記載，1973年年底曾出任國民黨新竹黨部主任委員的彭德向他透露說：「（二二八）被捕的黑名單上台灣人二百多名……是從重慶回來的半山幹的，他們是劉啓光、林頂立、游彌堅、連震東、黃朝琴等人。」吳濁流註說：「只因這份黑名單，悲劇的歷史上演了，美麗的福爾摩沙為此流血。」因為國民黨知道那是非法謀殺，所以要滅屍，也要否認有逮捕人。國民黨台灣省黨部主任委員李翼中在3月4日約見蔣渭川，跟他說：「為今之計，惟有籲請中央，然後臨之以威、綏

之以德，自可速平而免糜爛。」顯然蔣介石接受他的建議，大舉派兵。警備總部參謀長柯遠芬在他的口述紀錄說：「3月9日陳長官宣布全省戒嚴後，陳儀就下令由憲兵張慕陶團長主其事，警總調查室、軍統局台北站協助之，緝捕為首陰謀份子。」「逮捕人犯係由軍統局林頂立成立特別行動隊及張慕陶憲兵團成立特高組，會商後立即進行迅雷不及掩耳的行動。」和「不過，陳長官將逮捕名單交與張慕陶，囑其不可告知上述單位以外人員，而由陳長官直接向蔣主席負責。」3月1日起，台灣省黨部主任委員李翼中去見陳儀好幾次，一再催促他向中央請兵。李翼中可直通蔣介石。如果沒有蔣介石的授權，李翼中或陳儀不敢負這大規模謀殺台灣菁英的責任，尤其中間有些人是蔣介石四個月前來台灣參加台灣光復一週年時認識的。要陳儀去做這麼重大的謀殺工作，李翼中應會親自轉交名單，並跟他說明，已經有蔣介石的授權。陳儀也就敢跟張慕陶保證，由陳儀「直接向蔣主席負責」。3月7日李翼中攜帶陳儀請兵及報告的信，飛去南京向蔣介石報告，也會把要逮捕的名冊一起呈報。

　　警備部從3月10日晚開始抓人，先父並沒參加二二八的活動，卻於3月14日在台北家中被逮捕，一去不回。要逮捕人的軍警理應穿著制服，但是來抓父親的軍警卻穿中山裝，可見知道是非法抓人，不敢穿制服。被捕一星期後，父親託人送出一張字條，上印有憲兵第四團，證明他是被憲兵第四團非法逮捕。歐陽可亮也和父親一批人關在一起，但在3月底被釋放，他作證，那時這些人還沒被處死。值得注意的是3月11日陳儀立即把已逮捕到人犯的名冊呈送蔣介石，由蔣決定如何處理。3月13日陳儀又送一份新的名冊，增加資料及新抓到的人，更請示蔣介石：「台灣因非接戰區域，不能援用軍法，……司法手續緩慢，而台灣情況特殊，擬請暫時適用軍法，

使得嚴懲奸黨份子，以滅亂源。」顯然那時還沒殺這些台灣菁英，而請示蔣介石如何嚴懲他們。一般文件蔣介石都會立即批示，但那一段時間，很多蔣介石的批示都已被銷毀滅跡。3月17日蔣介石派國防部長白崇禧和兒子蔣經國來台灣「宣慰」台灣同胞，那時父親還活著，大部分的菁英也仍在逼供的階段，還沒被害。台灣警備總部那時請示白崇禧部長「就事件人犯，暫由軍法審判」，不移送司法機關。這些人犯不屬軍法管轄，依法應於二十四小時內移送法院。白崇禧竟然「准如所請」，也就是同意把這些台灣菁英由軍方處決。實際上，連軍法審判也沒有，就處決這麼多台灣菁英。白崇禧與蔣經國表面上是「宣慰」，實質上是做非法大謀殺的勾當及督導軍隊的運作。受難者施江南醫師的大女兒於1947年5月13日寫了一封以「北一女中學生施玲玉」具名的陳情書給蔣介石。蔣介石經由他的幕僚參軍處回覆說：「復查本部案卷內，並無受理施江南案件，所屬各綏靖區及憲警機關查報拘捕暴亂人犯，亦無施江南其人。」事實上，3月11日及13日陳儀送給蔣介石信所附的兩份人犯名冊上都有施江南的名字。蔣介石遮掩謀殺施江南醫師的罪行，亦即共謀。足見蔣介石是謀殺台灣菁英的元凶。監察委員何漢文也於1947年3月21日就抵達台灣調查，他在《台灣二二八事件見聞紀略》寫說：「在軍事大屠殺以後，接著由黨、政、軍、憲、警聯合實行全面大搜捕，加以秘密殺害，這樣被殺害的人民當不下千數。」足證國民黨帶頭做「秘密殺害，不下千數」的謀殺暴行。中國國民黨假藉二二八的動亂有計劃及兇狠地謀害這麼多台灣菁英，國民黨就是這大謀殺案的主謀！

其次，這些台灣菁英怎麼會被列在黑名單上？在短短幾天內，欠缺資料情況下，我們不知道劉啓光、林頂立、游彌堅、連震東、

黃朝琴等人如何密室作業。從被害的台灣菁英來分析，有些是參與「二二八處理委員會」、有些是「台灣省政治建設協會」的成員、有些是批評政府的新聞工作者、有些是要求司法改革、有些是被認定為「親美派」、有很多是私人的恩怨糾葛，理由不一。至於父親，很可能是由於新竹市長郭紹宗瀆職案子的私人報復；也可能父親要求司法改革；另外一個可能是，林茂生和父親都是新聞工作者，也都被認定為「親美派」。不管原因如何，要經過詳細的調查及法律的審判，才能判徒刑或死刑；絕對不能像黑手黨，用謀殺的方式。關於謀殺這些台灣菁英的論述、分析與資料，請參閱筆者在本書的另一篇文章〈中國國民黨是二二八慘案的主謀〉。

劫後的辛酸

被捕那天的下午，父親本來出去找人，但不是去跟葛超智副領事送行，因為葛氏還沒要離開台北。父親發現沒帶錢包，折回家來拿，國民黨的便衣軍人就衝進來。那是因為母親在前一天從父親的錢包拿錢去買菜，忘記把錢包放回父親的西裝口袋。這件事一直讓母親內心非常愧疚，她總認為如果放回錢包，父親可能逃過這個劫難。我倒認為，軍人會在外邊等候父親回家，父親是逃不過的。回到台南王家，大孃和三孃也用這件事來責怪母親，傷口上還撒鹽，使母親加倍痛心。

父親被捕後，母親不知他是生或死，但常夢見他。夢見時，父親的臉腫得很大，牙齒也掉了一些。我媽媽對他說：「爸爸（跟著兒子稱呼），我找你找不到，你吃飯了嗎？我煮飯給你吃好不好？」可是父親卻說：「我出去一下，馬上回來。」母親也夢見父親和林

赤榕會（東大台灣同學會）歡迎老學長林茂生（第一排右四），王育霖也在其中（第二排右三），昭和17年（1942）1月13日。

茂生先生住在前後二塚，旁邊種植二長排扁柏，遍地青綠草坪。這可能是母親期待能把父親好好地安葬。既然失去了丈夫，母親的一切就在這兩個兒子的身上。然而有更深的恐懼打擾母親，她說：「我還常夢見鬼要來偷我的小孩。反正不是夢見鬼要來偷我的小孩，就是夢見我丈夫吞吞吐吐要告訴我什麼。每天都夢，夢來夢去，我整個神經都要錯亂了。」五叔育德那時期也夢到父親，在一個寒冷的夜裡，看見他頭部從右後腦到左眼窩以及右太陽穴被開了兩個洞，白色襯衫被血汙染，跟五叔說：「阿德，一切拜託你了！」然後就不見了。這段記在本書〈兄哥王育霖之死〉一章。

母親從台北回到台南王家，另一段悽慘的人生在等著她。那時大伯淵源早已年輕就過世，五叔育德流亡日本，在王府居住的叔伯都是三孃親生的。母親回憶說：「我回王家住後，被細姨婆婆欺負得很慘，她一心要將我們母子三人趕出家門，可以少一份家用，多一份產業。」「我既沒有丈夫，又沒有親生的婆婆，很難立足，更難抬頭，誰都可以欺負我們。」及「其實每天吞淚過日子，誰能受得了？但是為了兩個兒子，我還是忍受了，堅持忍耐，不離開王家。」我們沒有父親賺錢，就靠一些房租與地租，因為分到的是比較不好的房地產，租金不夠生活費用，我媽媽就非常節省，有時還需靠外孃補貼。我媽媽給一些太太們做美容按摩或挽面（除去臉部細毛），來補貼家用。我小時候看到別人家都有冰箱，而我家沒有，我就把我所有的積蓄拿給我大舅陳幼而，說要買冰箱，其實根本不夠。結果是大舅出錢，買冰箱給我們。我大舅在台灣省合作金庫台南分行擔任經理，他幫助我媽媽貸款出來，然後轉借高利貸給一些小公司，因為這比他們向銀行借貸快很多，但這是相當冒險的作法。所幸大舅做很好的徵信工作，讓母親賺了不少錢。後來台灣景氣沒

那麼好，我媽媽就不敢再做了。大舅、二舅陳溫而和三舅陳淡而都非常疼愛、也非常照顧我和弟弟克紹，帶我們去旅遊，送給我們東西，彌補我們沒有父親照料的生活。我父親的朋友會來看我們或幫忙我們的包括：曾做到司法院副院長洪壽南先生、竹東中學校長蘇瑞麟先生及台南陳明清律師，令我們感激。

我們家比一般二二八受難者的家屬更悽慘，除了大家庭的逼迫外，五叔育德在日本從事台灣獨立運動，也因此飽受國民黨政府的威脅。母親說：「他在日本從事台灣獨立運動，我在台灣更慘了，實在慘到沒佛可燒香。國民黨一天到晚來和我糾纏囉唆。平常走在街上，後面就常有人跟著監視，有時我故意繞道走巷子，他們還是緊跟不放。他們的監視方式無奇不有，幾乎是天羅地網，甚至恐嚇我。我一直擔心國民黨會以『廖文毅模式』對付我們，拿我們當人質，叫王育德回來投降。」警察經常來查戶口，別人家如果一個月戶口調查一次，我們家就十天來一次。特務也會來問東問西。有一次我的腳踏車被偷，特務馬上牽一輛腳踏車來賣給我媽媽，那輛對我來說是高了一些，但不敢不向他買，也不敢出價。連這種錢也要賺，可見國民黨的特務有多惡劣。母親去菜市場買菜，跟人打招呼，很多人會故意裝作不認識，怕被二二八的家庭連累。母親在張炎憲訪談時，把她的悽慘一生很詳細、很生動地描述出來，請參考〈王陳仙槎女士口述歷史〉一章。

戶籍上，五叔給大孃當兒子，大孃名下有不少財產，因此五叔分得的房地產是我和弟弟總和的十倍。其他親戚不願碰，管理五叔房地產的重任又落到母親的身上。房地產的問題必須與五叔聯絡，但都要經過很熟的親友傳話。後來五叔傳話說他需要錢，希望能賣出一些房地產。本來我媽媽很怕國民黨，不敢做。後來又想到五叔

是丈夫最親近的人，我媽媽也很敬重五叔，因此在1985年五叔過世前，賣了三筆的土地。把相當大數目的錢經過親友及銀樓，分批陸續匯給五叔。在戒嚴時期，資助台灣獨立的罪名是極端嚴重。那時我已到美國留學，母親和弟弟克紹冒著生命危險匯錢，有助於台灣獨立運動，是值得讚揚感激的。

另外有一件事情也讓母親傷心與怨嘆。作家邱永漢寫了一本約六十頁的中篇小說〈檢察官〉，主角名叫王雨新。小說的頭兩句是：「王雨新是日據時代第一位成為檢察官的台灣人。由於他在東大法學部在學中，就以相當優秀的成績通過高文司法科考試。」王雨新是台南人，大姊夫是法官，也任京都及新竹的檢察官，最後在二二八慘案中受害。王雨新的發音也與王育霖相近。邱永漢其實在寫父親的故事。一般故事有兩種寫法：傳記與小說。寫傳記時，故事已經有了，但必須訪談及查證，把真實的故事寫出來。如寫小說，作者要有充分的想像力去編造一個感人的故事。在美國，有些電影或小說會特別註明：「本作品純屬虛構，如有雷同之處，那純屬巧合。」如果要描述某人的故事，你必須忠於事實，如寫錯要負法律責任，有時也涉及版權的問題。很遺憾的是，邱永漢撿父親現成的材料來寫，但他卻懶得去查證，更惡劣的是他為了使他的小說更生動，加上很多不實的材料或故意寫得和事實相反。讀者沒辦法分辨是真是假，而我家卻受到這種落井下石的嚴重傷害。邱永漢是個生意人，利用父親的知名度，書的銷售量很多，賺了一筆錢，但他沒有作家應該有的職業道德。邱永漢在日本原來參與台灣獨立運動，他卻在1972年為了賺更多的錢，向國民黨輸誠，回到台灣發展。他不像廖文毅，因為親戚被關，只好投降回到台灣。邱永漢的人格及操守實在令人失望。有律師說可以告邱永漢，但母親是忍氣吞聲的人，不

會告他。母親跟住在台北的遠親楊基銓夫人劉秀華女士說明如此的冤屈，楊夫人向邱永漢數說他的不應該。因此，邱永漢於1996年11月21日寫信向母親道歉。這封日文信及翻譯收錄在「書信集」一章。邱永漢的信寫說：「這本書是以正義漢王育霖先生為模特兒，……。沒有預想到，因為小說的構成上，寫的事情有傷到王夫人的地方。本來這是一個虛構的小說，請夫人不必介意。失禮之處，深感抱歉。」邱永漢明明是在寫父親，他自己也承認是以王育霖為模特兒，卻強詞奪理說那是虛構的小說，前後矛盾，沒有道歉的誠意。他寫了傷害人的文字，怎可說「沒有預想到」會傷害母親？

秉持父親的遺志

父親很有憐憫心，看到查某嫺（參看〈期待明天的人〉）或老妓女（參看〈艷怨輓賦〉），他會可憐她們，為她們打抱不平。父親雖是日本人也尊敬的檢察官，他沒忘記他是台灣人，會盡力協助同鄉。父親說他要走的路是：「正義！堅強！帶給所有人幸福！」他也說：「救台灣人離開艱難的處境，是我當檢察官的目標，也是我一生的理想。」我和弟弟克紹沒有這麼大的愛心和志氣，但我們努力跟父親學習。

雖然我們生活在壓力下，但我們不洩氣。我和弟弟讀書都不錯，初中與高中都進台南一中。我還由初中保送高中，然後考進當時很多人嚮往的台灣大學電機系。那時候電機系大都出國留學，我卻不敢奢望，因為深知道父親在二二八受害及情治單位的監視。我的出境申請經過很久才下來，原以為國民黨不讓我出國了。1968年9月6日我啓程去美國留學，等飛機起飛，我才鬆了一大口氣，終於真正

感受到「免於恐懼的自由」。聯合國的國際人權宣言內含四大自由：言論自由、信仰自由、免於貧困及免於恐懼的自由。我到美國約兩個月正逢美國總統大選，尼克森選上。萬沒想到，隔天報紙的大標題是：「The Beginning of Nixon's Error」尼克森歧途的開始，而不是「The Beginning of Nixon's Era」尼克森時代的開始。這才是真正的言論自由，而在台灣，一個二二八慘案的元凶蔣介石竟然被捧為民族救星，要我們歌功頌德。

　　那時候是保護釣魚台運動的開始，大家開始懷疑中國國民黨的能力，也公開批判國民黨。在國外，本來支持國民黨的台灣外省人很多轉向親近中國，而台灣人則大大覺醒，踴躍參加台灣同鄉會及政治性的集會。我當了台灣同鄉會的會長，一方面為同鄉服務，另方面激起大家關心台灣的民主運動。基於國民黨是我們的主要敵人，我們還幫忙親中國的同學，搶中國同學會的會長，國民黨人只好去組一個不三不四的台灣同鄉聯誼會。國民黨有很多打小報告的人，把我的事情報回台灣。情治人員又開始騷擾母親，甚至威脅她說：「妳兒子是台獨份子，妳知道嗎？」母親非常緊張，為我擔心得要命。

　　我在1974年得到佛羅里達大學電機系的博士學位。我去芝加哥一家荷蘭飛利浦旗下的子公司EDAX工作，研發X光光譜分析儀。三年後我轉到也在芝加哥另一家英國子公司EMI Medical，開發X光斷層掃描機器，用來計算出頭部或身體的橫切面圖片。那時是很新的儀器，一台要賣五十萬元美金。1977年五叔育德來美國巡迴演講，7月29日來到芝加哥，我邀請他來我們家住。那時我媽媽在台灣與美國各住約半年，正好住在芝加哥，是一場非常難得的家族重聚。五叔說美國牛排好像在吃拖鞋，還好我太太淑惠準備了台灣菜。隔

天我們在芝加哥開了一場極為盛大的「台灣群眾大會」，五叔風趣的演講引來很多笑聲，帶動台灣人邁向民主的道路，也灌輸台灣獨立的理念。我們在「芝城台灣基督教會」作禮拜，有榮幸參與建堂的事工，門口教會的招牌是我太太用毛筆寫字，另一位會友刀刻而成，相當克難。

　　1979年10月我換工作，來到在聖地牙哥的休斯飛機公司（Hughes Aircraft Company），這間公司專門為美國空軍及海軍研發雷射光探測器，用在飛彈及飛機上。到12月10日國際人權日這天，為紀念在1948年聯合國通過的《國際人權宣言》，高雄爆發了高雄美麗島事件。台灣人權協會總部那時設在聖地牙哥，很多同鄉參與受刑人的救援工作，我負責財務方面。聖地牙哥是退休的好地方，我不想再搬家，所以轉行開創「大都會地產公司」，主要做商業地產的買賣與管理。為了台灣人能互相幫助創業，我倡議組「聖地牙哥台灣商會」，也當創會會長。 我也當過「南加州南一中校友會」會長。為了回饋台南一中母校，從2004年起至今天已連續十三年，我負責「南加州南一中校友會獎學金」的募款，每年頒發給十位左右的績優應屆畢業生。我也私下資助好幾位有需要的學生，幫助他們，鼓勵他們。於2016年，南一中頒發「校友傑出成就獎」給筆者。「聖地牙哥台美基金會」歷年來共募集約五百萬美元，我們購置建築物設立「聖地牙哥台灣中心」，也支持中心的運作，還存有約二百萬美元的預備金。我當董事超過七年，也擔任2015及2016這兩年的董事長。 從1979年底起，我和陳今在牧師及一些基督徒在聖地牙哥開拓第一間台語教會「聖地雅歌台灣基督教會」。我就一直在這教會服事，教成人主日學，當執事、長老等。由於對這教會的委身及我的專業，負責建堂事工長達二十年。由小教堂到現在相當規模

的新教堂，佔地一點六甲及建築物二百五十三坪，讓台灣鄉親可以做禮拜、祈禱及親近神。

我的目標就是要為台灣的民主、自由與獨立而奮鬥，所以我盡力參加及推動有利於台灣未來的活動。我當了「台灣人公共事務會」（FAPA）聖地牙哥分會會長，在家開募款餐會來支持美國的國會議員。我擔任「台灣獨立聯盟」聖地牙哥支部長，並公開我的盟員身分。「聖地牙哥阿扁競選總統聖地牙哥後援會」我擔任總幹事及會長各一屆。我也負責「李應元競選立法委員聖地牙哥後援會」會長。這次小英參選台灣總統，我們在2015年成立「聖地牙哥小英後援會」，我擔任會長。每逢台灣有重大選舉，我盡量參與海外後援會，回到台灣助選。於2000年第一次政黨輪替，我發起成立「聖地牙哥台灣外交及僑務研討會」並擔任召集人。一群教授、學者及愛台人士經過一再研究與討論，完成一本《台灣外交及僑務政策之建言》，呈送阿扁新政府參考。2000年時，僑務委員絕大部分是親向國民黨，新任僑務委員會委員長張富美女士飽受攻擊、相當孤立。於是號召泛綠人士進入僑務委員會，我也就擔任兩屆六年的僑務委員。頭幾年的僑務委員會議有不少火爆的場面，我們極力主張刪減傳統僑社春酒餐會的補助、及將飛機票由商務艙改為經濟艙等。我參與發起「美國台灣研究院」，也是現任董事。這研究院主要向美國智庫提供台灣人的資料及觀點，曾經安排蔡英文博士與美國智庫的人士開座談會。

我屢次參與「美國二二八受難者家屬返鄉團」在二月間到總統府、行政院、立法院、司法院、監察院、法務部等機構，一再要求二二八平反、調查真相、定二二八為國訂假日等等。在1995年2月28日，李登輝總統首度代表政府向二二八受難者家屬及全體國人道

歉。立法院也在李總統的首肯下，於3月23日制定《二二八事件處理及補償條例》，雖定2月28日為「和平紀念日」，但不放假。直到1997年2月25日，才改為國定假日。2003年8月2日，陳水扁總統特地頒發「回復名譽證書」給父親，因為二二八慘案剝奪了許多台灣人民寶貴的生命與尊嚴，使他們的名譽受損。我特地飛回台灣，參加2004年2月28日「手牽手護台灣」運動，有超過二百萬的台灣人不分藍綠，牽起一條五百公里的人龍，縱貫台灣南北，表達反對中國飛彈及捍衛台灣的決心。李登輝總統和當時現任的陳水扁總統則在人龍的中點苗栗縣主會場參加。2006年12月8日更規定，每年二二八那天降半旗以示追悼。如此，二二八受難者的犧牲終於得到應有的紀念與敬仰。

弟弟克紹由高雄醫學院醫科畢業，在台南市北區成功路開設「王克紹診所」。克紹這個名字，是父親以「克紹箕裘」前二字來取的。因為二二八的悲痛陰影，深深籠罩我家，母親不准我和弟弟向文、法方面發展，所以我們沒有跟隨父親在這方面的腳步。不過克紹選擇醫科，雖不一樣的類別，「懸壺濟世」仍能完成父親「帶給所有人幸福！」的願望。服完兵役，在母校高醫麻醉科當助教。克紹先到省立台南醫院外科（現衛福部台南醫院）服務，並支援北門烏腳病防治中心為手術主治醫師。蔣經國總統到北門巡視時，克紹提出建言，要求充實醫療設備及提供患者營養補助。克紹有麻醉科、一般外科、胸腔外科的專科訓練，奠定以後他在法院醫療諮詢及調解糾紛的專業素養。在台南醫院生涯，因為他沒有一點架子，人緣很好，當時人事二室的人無意中透露關於他的報告是很好的。1978年克紹公務員服務年資滿一年，可有一星期的休假，所以他想第一次出國就到最近的香港看看。出入境許可證申請了許久都無法下來，

眼看請假的日期即將到來，只好打電話求助於三舅陳淡而的親家—黃尊秋監察院長。他回電說已向出入境管理局長做「人頭保」，擔保克紹一定會回台灣。果然不出三天許可證就下來。這只是一個我們家受監視的例子。

　　1992年施明德競選立法委員，在台南市中山公園「選前之夜」的造勢活動，人山人海。克紹以二二八受難家屬的身分，勇敢站出來在台上演講，這是他的第一次公開政治活動。至此，全市才知道王家隱藏的一段血淚，鼓勵人們探討二二八真相，追求民主的思維。不負眾望，施明德以壓倒性的高票當選立法委員，表明台南人要跟著這些民主前輩的步伐，做他們的後盾。1998年陳水扁落選台北市長的隔幾天，克紹應張燦鍙市長之請，擔任台南市扁友會副會長之職，下設200個分會，都以扁友會稱之，肩捍輔選重任。2004年陳水扁總統競選連任，克紹除擔任扁友會副會長，更組台南醫界聯盟，擔任執行長，結合醫療各界的力量支持阿扁。克紹參與組織台南區「二二八手牽手護台灣」運動，全台灣有二百萬人參加，大家分享這光榮偉大的時刻。陳水扁連任成功，階段性任務已告完成，扁友會於2004年6月改組為愛台灣協會，轉型為公益團體，為台南市民多盡點心力，貢獻地方。推出「寶貝台灣單親弱勢家庭兒童照顧計畫」，多次在台南市海東國小及石門國小舉行，獲得極佳的好評。克紹歷任常務理事、常務監事至今。

　　從2004年起，克紹擔任台南市醫師公會理事或監事，經歷21屆、22屆、23屆（因縣市合併，此屆任期為四年）共計十年。合併後，克紹也擔任大台南市醫師公會第一屆理事及第二屆常務理事至今。為了落實台灣的民主，克紹負責台南市醫界後援會，鼎力襄助陳水扁、蘇貞昌、蔡英文的競選總統，許添財、賴清德的競選市長，以

及陳亭妃、唐碧娥、王定宇、林俊憲等人的立委競選。克紹是健保南區基層總額健保組員和健保基層審查醫師，一方面監督健保費用的支付，另一方面要給醫師合理的給付。克紹多次參加義診及醫療諮詢活動，有台南社頭災後醫療服務、台南市鄰里抽血活動、健康講座等。2009年八八水災時，克紹馬上進入災區，擔任台南軍管區前進醫療站醫官，駐紮在甲仙龍鳳寺，服務災民和救援人員。

　　行政院二二八事件基金會，克紹榮任第五屆董事（陳水扁總統時）及第七、八、九屆董事（馬英九總統時），追查二二八慘案真實面貌及釐清當年涉案人員的責任。籌劃台南市中元法會，慰二二八受難者在天之靈，也祈求他們的家屬健康平安。由台南佛光山協辦，莊嚴隆重。二二八基金會與台灣教師協會聯合舉辦師資訓練營，台南營連辦二屆，由克紹負責實際籌劃工作。營隊選在台南市二二八慘案發生地—湯德章紀念公園邊的舊議會舉行，也到湯德章公園、吳園公會堂、台獨街等做歷史巡禮。馬英九競選連任台北市長時，克紹以二二八基金會的代表身分出席，在北市政府與馬市長在媒體公開見證下，簽訂「台灣本土地理、社會、文化往下扎根，增加教課時數」的宣言。後來馬英九政府做課綱調整，減少二二八的內容，克紹相當憤慨，當克紹以二二八家屬身分在2010年中樞二二八紀念大會致詞時，他特別提到課綱調整問題，並提醒馬英九他當年的承諾。馬總統及吳副總統當面答應，會維持先前授課時數不縮減。

　　克紹也全力投入「二二八司法受難人員特展」的籌備工作，2012年2月24日，特展在台北市市立二二八紀念館揭幕。其後也巡迴全國展出。2013年2月22日，特展在台南吳園公會堂舉行，由二二八基金會董事長詹啟賢、台北市長郝龍斌及台南市長賴清德共同主持，盛況空前。在藍綠政治競爭尖銳的時代，這是難得的設計。

這個特展向全國人民說明二二八慘案時，司法人員不畏極權暴政、捍衛公義的決心，以致犧牲生命。要讓執政者引以為鑑，也要人民珍惜寶貴的法治制度，誠所謂「事蹟永存，歷史借鏡」。

　　阿公王汝禎在台南市北區佑民街建立了王姓大宗祠，現由我們第三代負責，承先啟後。2003年5月王姓大宗祠列為市定古蹟，2009年10月成立社團法人王姓宗親會，克紹擔任常務理事至今。出錢出力，爭取到文建會古蹟維修整建計畫的補助，籌集相對基金數百萬，並參與祭祖及聯誼的活動。2006年受聘為台南地方法院家事調解委員迄今。去年更加重責任，擔任醫藥諮詢及醫藥事業調解委員。克紹花相當多時間調解家庭暴力、婚姻障礙、孩童的生活教育、外勞配偶等等問題。這是種出力不討好的工作，但可減輕社會不安與不平，帶給別人幸福，克紹樂此不疲。

　　母親前半段的人生極為辛酸痛苦，後來克雄與克紹學業完成，經濟情況好轉，母親才得到很大的解脫。1994年3月6日李登輝總統來我弟弟在成功路的王克紹醫師診所樓上拜訪母親，整段路都封鎖，警察一大堆，弄得很緊張。陪同上來的有總統府副秘書長戴瑞明、行政院政務委員黃石城、省府主席宋楚瑜、台南市長施治明等。我們家陪同的除了我和克紹夫婦，也邀請我岳丈林明昆醫師的弟弟林淵泉醫師與會。林醫師是李總統在京都帝大的學長，兩人曾住一起，老朋友喜相逢，特別興奮。父親在京都當檢察官時，大戰期間台灣留學生非常清苦，故常邀請留學生來家聚餐，有時來二十多人，家中茶杯不夠，就拿碗喝酒。母親沒想到當年的年輕學子會當上總統，而且老遠來看她。一見到李總統，母親往事在剎那之間全部湧上心頭，數度哽咽，直說：「我先生……」後，就再也接不下去。李總統安慰我媽媽，直說王育霖是一位秀才，他非常瞭解遭遇的事，也

感謝我父母親在他早年留學日本期間對他的照顧。李總統贈送一罐「總統贈酒」以表心意。母親盼望政府能公布她丈夫的死因和忌日，讓子孫能夠有盡孝心的機會，也期待二二八訂為國定假日。母親稱李總統：「這麼有人情義理的人，現在是很少見了。」李總統的拜訪肯定父親的犧牲是有意義的，也大大安慰了母親。詳情請見〈李總統南下拜訪王育霖遺孀〉一文。李總統這次拜訪，全國各大報紙爭相報導，亦即中國國民黨政府開始正面對待二二八慘案，為隔年李總統代表政府道歉及通過《二二八事件處理及補償條例》做破冰的工作。

　　1997年9月9日律師節時，全國律師公會聯合會頒發褒揚文給王育霖檢察官及其他六位在二二八慘案受害的司法人士。褒揚文謂：「半世紀來，受難者家屬忍辱負痛，不敢聲張。法界人士未予聲援、討回公道。今捫心自省，除公開褒揚、追思司法前輩正義勇敢的行為外，我等法界人士更要求政府早日公開史料，還其清白，並呼籲全國人民為確立司法獨立，建立公平正義的社會共同努力。」同時也頒贈「台灣正義之光」紀念牌給家屬（參見書中彩頁）。1998年2月27日，五位司法界二二八受難者：王育霖、吳鴻麒、李瑞漢、李瑞峯、林連宗的家屬，共同捐出228萬元成立「二二八司法公義金」。委託全國律師公會聯合會，每年頒發獎金給對台灣的司法公義有貢獻的個人或團體。當年參與捐獻典禮的家屬代表是：王育霖夫人王陳仙槎女士、吳鴻麒夫人吳楊㲼治女士、李瑞漢夫人李邱己妹女士、李瑞峯兒子李榮達先生及林連宗女兒林信貞女士。在1996年母親節時，台南市政府頒贈金萱獎給母親；2003年母親節時，美國加州聖地牙哥台灣中心也特別頒贈「模範母親獎」，這些都要肯定母親茹苦含辛及守寡撫育孩子的偉大情操。2007年二二八的六十

週年紀念暨國家二二八紀念館開幕典禮時，阿扁總統頒贈紀念品給王夫人。2015年，我們家也在聖地牙哥成立「王育霖檢察官紀念基金」，交由聖地牙哥台灣中心每年頒發二千美元給一位值得敬佩的台灣男士。

　　雖然中國國民黨殺害我們的父親，但我們家沒有被打倒。克雄娶了茄萣林家的林淑惠小姐，商業地產事業有成。他的兒子永慶是內科醫生，在舊金山開業，媳婦蔡明宜是台北人，育有三個女孩：賀然（Sierra）、清然（Savannah）及曉然（Azalea）。女兒麗澄是加州柑縣小兒科醫師，女婿顧漢杰是關節炎專科醫生，親家翁是泰國華僑也是醫生。女兒育有二個女孩珮佳（Rebecca）和麗詩（Alexis）及一個男孩賢明（Samuel）。弟弟克紹娶台南侯家侯秀英小姐，在台南市成功路開業診所有年，有口皆碑。其大女兒思蓉是矽谷地區的腎臟專科醫生，大女婿林傳興為惠普公司（HP）企業策劃主任，生了二個女孩忠怡（Zoe）和依靚（Isabelle）。二女兒琬婷在洛杉磯開創了兒童高級品牌 Winkniks 的眼鏡公司，二女婿葉曜銘是一位用戶界面系統設計師，他們有一個女孩昱緹（Hazel）及一個男孩軒丞（Hayden），2017年2月還會再生一個寶寶。兒子凱立住台南，在一間生技公司負責國外業務，在2016年12月結婚，娶台南市馬府的馬馨吟小姐。總計母親有兩位兒子、兩位媳婦、二位孫子與三位孫女及他們的配偶、二個曾孫及八個曾孫女，全家族總共二十五人。母親現在已滿九十四歲，以台灣習俗的算法，到2017年的春節就達九十六歲。母親可說是子孫滿堂、福壽雙全了。

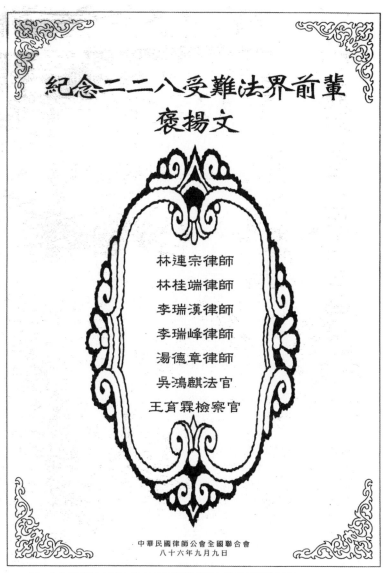

紀念二二八受難法界前輩
褒揚文

林連宗律師
林桂端律師
李瑞漢律師
李瑞峰律師
湯德章律師
吳鴻麒法官
王育霖檢察官

中華民國律師公會全國聯合會
八十六年九月九日

1997年，全國律師公會聯合會在律師節頒褒揚文給王育霖檢察官。

鐵面檢察官王育霖的生平

二二八死難司法前輩褒揚文

　　1945年8月15日，日本戰敗，國民政府接收台灣。因特權壟斷，貪污腐敗，物價飛揚，經濟崩潰，未及一年半載，台灣人民已從熱望跌入絕望的深淵。二二八事件乃因之爆發。台灣人民提出改革要求，國府卻視之為叛亂，派兵鎮壓。導致台灣領導菁英和民眾傷亡慘重。二二八傷痕從此永烙人心，成為台灣最大的政治禁忌。

　　日治時代，台灣法界前輩赴日讀書，深受民主法治和近代國家觀念的洗禮。身處統治者更換年代，眼見國府濫權枉法，乃挺身而出，為民伸冤。國府不能容忍，亟欲除之。林連宗、李瑞漢、李瑞峰、林桂端、吳鴻麒、湯德章、王育霖等七人，先後被捕殺害。除湯德章遊行示眾槍決、吳鴻麒槍殺棄屍南港橋下而留屍體外，餘五人從家中或上班時被帶走而一去不返，至今下落不明。吳鴻麒為法官、王育霖為檢察官，林連宗、李瑞漢、李瑞峰、林桂端、湯德章為律師；林連宗、湯德章且參與二二八事件處理委員會，公開批評時政；七人都是執法認真、伸張正義的法界俊秀。

　　國府帶走七人之後，未經審判，即予加害，迄今未有任何交待。半世紀來，受難者家屬忍辱負痛，不敢聲張。法界人士未予聲援、討回公道。今捫心自省，除公開褒揚、追思司法前輩正義勇敢的行為外，我等法界人士更要求政府早日公開史料，還其清白，並呼籲全國人民為確立司法獨立、建立公平正義的社會共同努力。

全國律師公會聯合會於1997年律師節頒褒揚文給王育霖檢察官。

二二八的犧牲促成台灣的民主

在南京的蔣介石由中國調來大批軍隊,他要殺台灣人殺到不敢再暴動,也要謀殺台灣的菁英,除掉有領導能力的台灣人。中國國民黨的黨軍1947年3月8日開始登陸台灣,就對台灣人採取報復性的無情大屠殺,台灣人異常恐慌;國民黨台灣省黨部也製作要謀殺的台灣菁英名冊,將這名冊交給台灣警備總司令陳儀,陳儀再交代憲兵第四團團長張慕陶負責緝捕的工作,也派警總調查室及軍統局台灣站協助及帶路。槍斃菁英主要由軍統局台灣站長林頂立負責。當日本人殺中國人就稱為「慘案」,但當中國人殺台灣人,就避開問題,使用意義模糊的「事件」。我們呼籲,大家盡量採用「二二八慘案」,少稱「二二八事件」。蔣介石發動二二八慘案,達到他和蔣經國獨裁統治台灣近四十二年的目的,但台灣人沒有忘記這場中國人對台灣人的血腥大屠殺,更因此孕育了強烈的台灣意識,激發了台灣人追求民主、自由與獨立的決心。非常多有志氣的台灣人勇敢地站出來,反對國民黨政權,很多人因此而犧牲或坐牢,但台灣人仍然前仆後繼,終於讓台灣的民主能夠開花結果。母親一生最高興的時刻,就是2000年阿扁當選台灣總統,把騎在台灣人頭上的中國國民黨拉下來。同年5月20日,母親一定要參加阿扁的總統就職典禮,親身感受那台灣人出頭天、當家作主的興奮。大家應該瞭解,當年在南京的蔣介石與現在在北京的習近平,他們對台灣人的心態是一樣的。在此誠摯地盼望,台灣人要珍惜及捍衛得來不易的民主與自由,不可讓先賢先烈的血白流。

王育霖攝於其書房，昭和17年（1942）5月10日。

文集

王育霖（即董生，左）周歲時拍攝，王育森比他大一個月（即董由，右）。

期待明天的人

　　王育霖在台北高等學校尋常科三年級結束前患了肺結核，必須休學在家，他寫了這篇文章描述他的心路歷程，深刻表達出在複雜的舊式台灣大家庭裡，失去母親的那種孤單及思念之情。因為談及家人的事情，本文避開真實的人名與地名。事實上，董生即育霖，董由即二兄育森。日記註明本文寫於 1938 年 1 月 20 日。原文以日文發表於台北高等學校《翔風》雜誌第十七號。（編按）

　　雖然已有預料，對董生來說，受這樣的宣告是想哭也不能哭的事情。明知說這種事會令人消沉悲傷，醫生卻若無其事地說出來，嘴角甚至掛一點嘲笑。董生恨這個醫生，很氣他。這個小診察室，圍繞的牆壁好像棲息著無數的細菌，要向世人做死亡的宣告。每次進來都會感到，今天也不例外，潮濕與病臭，也充滿消毒水的異味。醫生在一群穿白衣卻憔悴的護士當中，好像很驕傲地談論著。看到他，董生想要索性大聲嗆他：「你這傢伙的診斷是謊言，你懂什麼？」，但是接著從喉嚨裡出來的咳嗽把話打消了。

　　醫生說：「我以前說過了，學校要慢慢來。……嗯，要休學。然後去空氣好的地方。……對，就是換地方療養。不，不必那麼擔

心。病情還輕，休養一年左右就會痊癒。你過去大概太用功了。」

什麼是休養一年左右就好，說得那麼輕鬆，風涼話。不必恭維說是太用功，就說不養生，放蕩過度吧。

又說：「不，並沒有到結核的階段，只是肺尖惡化了一點。」

結核就結核，為什麼不明說，反正你沒有什麼同情心了。得病以來，脾氣高亢的董生忍不住無處發洩的鬱憤，走到窗邊。窗外看到一小叢的綠色，覺得那僅有的綠色，比現在這個房間裡所有的一切東西都有誠意而優雅可愛。像一個被所有的人放棄的人，獨自寂寞地望著山峰上方模糊的月亮而灑淚。董生覺得只有這一株小綠樹了解自己的無奈，也就感到有點安慰。雖然又咳嗽起來，他把吹來的風深深地吸入腹中。這一年來每隔三天就像被牽到屠宰場的羊來到這裡，每次都要等一小時，無論寒暑都要露出胸部任那耳聾的醫生用聽診器玩弄。最後以這樣慘酷的語言結束嗎？想到這裡董生的眼淚不自覺滾落下來。這個醫生除了賺錢以外，一點良心也沒有。一年前說董生的病很快就會好的話，已不攻自破，他卻一點也不愧疚。董生心懷怨怒，空洞地凝視著這個愛錢又滿臉油脂的醫生。

「啊，坐下吧，馬上就知道你的痰的檢查結果」，董生理都不理這句話，整理一下衣服，趕緊走出診察室。剛好有一位垢面衣衫不整的老太婆迎面進來。從門的隙縫傳來裡面她枯燥的聲音說：「醫生呀，我的病會好嗎？」董生感慨地想：「啊，這又是一個可憐的生命在掙扎。」他戴上帽子擰著藥瓶儘快離開。外面有誰知道他心苦悶呢？二月下旬燦爛的太陽什麼都不分，同樣地照在董生那失敗及不久將黯然回故鄉的疲憊身體。

艱難地通過期末考試，董生決定在三月中旬回到T市的故鄉。休學一年對自尊心很高的他是很大的打擊。想一年後再到學校時，

從前的同級生變成上級生了，他們會以怎麼樣的眼光看他？原來的下級生是同級生了，他們又會怎麼樣對待他？本來就脆弱的董生，越想就越心碎。

不僅如此，想到要回去那沒有溫暖的家，心就悶塞。董生的故鄉是南部的舊都，那裡傳統的古風還是顯然飄著。他的老家是當地屈指可數的名望家、富家。生為蕭家的三男，他自小受寵，嬌生慣養。和母親一模一樣高貴的嘴型，筆直高高的鼻梁，彰顯他端正的相貌。身體並不特別強壯，但是身材挺立，一副貴公子的丰采。人家把他叫做蕭家第三公子。這是一個過渡期，要棄掉老舊中國傳統的包袱，轉變到一個追求新與自由的啟蒙社會。但是，在這依然停留在過去的T市，有名望的門第與有資產的富豪，很像封建時代的小諸侯。他常在路上遇到不認識的人向他打招呼，恭維他。他有與生俱來用不盡的錢財、優雅的相貌及超人的才能。從物質的觀點，沒有人比董生幸福。不過，他卻有不知哪裡來的孤獨與欠缺的感覺。為什麼？也許是由於他在溫室裡長大清高的特質，或是他憐憫萬物的天性，但是最主要還是環境造成的。他最美好的時光是與他美麗的母親，在寬敞的大庭園中一起撿鳳凰木花瓣的時候，或是在叢木中跑圈子的時候。在這種場合，小董生的臉像那火紅的鳳凰木花，更加紅嫩。他把臉緊緊地貼在媽媽的胸前，一面笑著，一面目不轉睛上望媽媽的臉。「喔，媽媽，好美的花，樹葉也像那綠顏色的彩色紙。我非常喜歡，綠色的嫩葉，紅色的花」。當他這樣說時，媽媽總是吻他的手，以清晰的聲音但寂寞地說「嗯，媽媽也很喜歡。可惜這麼美的花，不能永遠開著，不久會飄落下來，真是可憐。」對小董生來說，媽媽是他的一切，他也是媽媽的一切。

有一年當鳳凰木花開的時候，董生照常和媽媽到庭園中坐在綠

色且鑲龍的陶器凳子上。暖和的春日把鳳凰木葉的綠色映在媽媽象牙般的白色面額上。董生一邊用他的小手玩弄著偶爾掉下來鳳凰木花瓣，一邊凝視著媽媽的臉。不意中，他發現媽媽的眼睛含著淚珠。媽媽非常勤勞，善於裁縫及家事，而且是這麼美麗，誰會令她痛苦？真是不能想像。儘管如此，他好幾次看到媽媽獨自含淚欲哭，卻不想讓人知道。董生心想，太不可思議，怎會這樣？然而，看到媽媽確實在哭泣，他小小的心幾乎要裂開。

「媽媽，您為什麼哭呢？」

「嗯，沒有什麼。」

「但是，您在哭啊。媽媽，我有一個想不通的事情。我不是媽媽唯一的兒子嗎？那為什麼，我有三個母親呢？還有姊姊啦，哥哥啦，真是討厭。媽媽，這有點奇怪麼？」

對年紀還小的董生，在同一個家裡有三個他要叫母親的人，其中二個雖叫她們母親，她們卻一點也不疼愛他，反而好像憎恨他，這是無論如何也想不通的問題。我們家比後面鄰居的小屋大很多，我穿的衣服也比小屋裡的孩子漂亮很多。雖然這些讓我高興，但是小屋裡的小孩只有一個母親，而我卻有三個，尤其其中兩個我很討厭。我覺得非常奇怪，忍受不住。有一次，倒在媽媽懷裡時，董生問她為什麼他有三個母親。她只是尷尬地笑著說：「好孩子不要問這些，因為這是沒有辦法的事。」他更想到家裡有五、六個查某嫺（買來的女傭）。這些小姑娘是無論如何被罵，甚至有時被打，都一點不反駁也不反抗的奴隸。小小的董生為她們抱不平，越加不能了解，自己住的是一個什麼樣的家。董生的媽媽是第二太太。董生完全不知道第二太太指的是什麼。又聽人說，哥哥姊姊與他是不同腹的，也不知道那是什麼意思。他只知道，「我的確是我媽媽的，

我媽媽的確是我的」。父親從早到晚都忙於工作，差不多整天都不在家。家裡的事都由那叫第一太太的人管理。雖然他的媽媽非常努力工作，第一太太還會對她大聲叫罵。小小董生看在眼裡，不禁握著小拳頭，心頭燃起復仇的怒火。小孩子的董生總覺得父親表面上裝得冷靜，但內心是最愛他的媽媽。董生最討厭的人是第一太太和她那大自己僅一個月慓悍的兒子董由，因為第一太太常欺負自己的媽媽，而這個慓悍的哥哥也不時迫使董生哭。

　　有一次，發生了這樣的事情。在一個節日，董生和哥哥董由並排兩個小椅子坐著看戲。突然，董由說從他的位置看不到戲，要與董生換位子。董生氣得滿臉通紅，抗議這個哥哥無理的舉動，終於打架而兩人都哇地哭出來。旁邊很多人跑過來把他們拉開。這些人都顧忌第一太太，所以不理哭叫的董生，把他的椅子移到別的地方。董生仍想要和哥哥據理力爭，但是聽到旁邊粗大的聲音說：「要換就給他換嘛。」董生吃了一驚回頭一看，悲哀地發現那是站在第一太太後面父親的聲音。董生的媽媽剛好來到現場，董生哭訴媽媽所發生的事情。他剛聽到媽媽的聲音說：「是董生先在那個位置的」，緊接著就聽到父親重重的聲音說：「要和我頂嘴嗎？」在這個極度大男人主義的舊家庭，太太向丈夫頂嘴是絕對不能容許的。圍著這滿懷怨恨的弱女子和她的小孩，人們只是投著輕蔑的眼光。這時從戲棚附近傳來陣陣歡聲，董生只能緊緊抱著媽媽。可憐這對母子，雖有豐富的物質生活，但是精神上卻極端可憐。誰肯同情她們？只有鳳凰木吧。媽媽把董生帶到沒有人的地方，激情地吻著他的頭髮、額頭、眼睛、口、手，而這樣說：

　　「好孩子，不要哭了，要忍耐，要忍耐。這樣的話，佛祖就一定會賜好東西給你。」

期待明天的人

「真的給嗎，媽媽？」

「真的，真的。」

媽媽以哭聲說著，把董生抱得更緊。

那天晚上董生和媽媽被父親叫去，父親非常生氣，因為董生沒有讓位及媽媽向父親頂嘴。後來回到寢室，董生看見媽媽還在哭，他就跪在媽媽面前，哭著向她陪罪。

「媽媽，對不起，對不起，以後我絕不打架。對不起，以後絕對不敢。您哭，我會非常傷心，對不起。」

「沒事，沒事。好孩子起來吧。媽媽只要有你，其他什麼都不要。」

「我也是只有您就好。這家裡的東西什麼都討厭。錢也不要，是吧？媽媽是我的吧？」

「當然是的，媽媽永遠是董生一個人的。我們要相親相愛。」

「我要做更好的兒子，媽媽的話什麼都聽。好嗎？所以您不要再哭了。」

「嗯，媽媽不再哭了。你要保重身體好好讀書。凡事都要忍耐，要忍耐。這樣就一定有好的回報。」

就是在這一個晚上，董生從心底發誓，要為媽媽努力奮鬥。他緊握著媽媽的手，在她懷抱裡睡著了。他知道有二、三滴水滴在他手上，不知道那是不是媽媽的淚水。從發誓努力的第二天開始，他就非常認真讀書。富家的公子哥兒，成績少有非常好的。董生念完六年的公學校（小學），他考進了入學考試公認為很難的台北高等學校尋常科（相當於附設中學）。無論如何，他要為那最愛他、很美麗、卻飽受迫害的媽媽奮鬥。

不幸，媽媽在董生十六歲的時候，患了流行性疾病，突然逝世

了。

「凡事都要忍耐，佛祖就會賜給你好的事情。凡事都要忍耐，好好照顧身體，……然後……」。

只留下這些遺言。媽媽靜靜地從這世間渡到另外的世間，但是還牢牢地握著董生的手。失去一切力氣的董生，獨自一個人在和媽媽一起生活十六年的寢室裡，觸景傷情，一滴滴的眼淚不斷地流下。董生從這時開始懶惰不用功，過放蕩不羈、不節制的生活。家裡只會源源地匯錢來，其他什麼都不關心。想到這樣的家庭，每到放長假要回家時，董生都有厭惡感，不想回去。但是現在，因為累積不節制的生活，導致罹病須要休學，不能不回到不想回去的家。除了說是命運，還能說什麼？像那相信命運、順從命運、卻結束了短短生命之美麗的媽媽，董生也不知何時開始相信命運了。

躺在火車的二等臥鋪，董生回想過去，越加不能入眠。媽媽，您為什麼留下我孤零零的一個人，撒手走了呢？媽媽，為什麼我們不能在一起撿鳳凰木的花呢？媽媽，您住的世界那麼遠嗎？我最愛的媽媽，董生想去您那裡，把臉埋在您的懷抱，痛快地盡情地哭一場。我很寂寞，沒有一個人真正關心我。身體得病了，回家也只是陌生人的待遇，但是現在我不得不回到那只以表面接待我的家。媽媽，我很寂寞，您不也是想早日見到我嗎？請您容許我到您那裡去。這世上的人都不能了解我的孤獨。這般人都以為只要有錢，只要有富裕的物質，就能使人幸福。人的幸福怎麼能用錢買？即使受人欺負，我們兩人一起生活的時間，不知是何等幸福！媽媽，我已經不想活在這世上。想要早一刻到您那裡去，想得不能克制了。錢，都送給別人好了，他們會帶著貪婪的笑臉互相搶奪。汙穢的社會、矛盾的家族制度及充滿了拜金主義者的這個所謂上流社會。以金錢和

誘惑來誤導子弟，這衹是一個愚蠢的社會，想就厭惡。把女人視為物品，一個家庭同居二、三個妻子。尤有甚者，反而以此為傲的社會觀念。媽媽，您是這種社會的一位犧牲者。這個虛偽的社會，躲在傳統的美名下，用加入錢財和權力的雞尾酒來中毒所有純真的人，它現在也想把我變成它的一個犧牲者。

想到這裡，他的腦中突然感到一個閃爍。他覺悟到最能達成媽媽遺志的，不是要自殺，而是要向把媽媽逼迫到那樣境遇的歪社會制度挑戰。是的，我要努力用功成為真正偉大的人，改良這些害人的制度，要與它戰爭。當我成功時，就能向那些曾經欺負我媽媽的人顯示我最愛的媽媽是如何偉大。這才是為媽媽最好的復仇。

媽媽曾經說過，父親也是痛苦的，他的確是很痛苦，所以我不能責怪他。過去的事不是父親的錯，是台灣舊社會的錯。把這個舊的、歪的社會埋葬的日子已漸漸近了。媽媽，我要堅強活下去，成為即將來臨的、光芒四射的啟蒙時代之騎士。媽媽請您保護我，幫我從現在起把病治好。對那些輕蔑欺負您的人，要奉還的我會奉還。這樣決心的董生，已經不顧世上的輕視、嫉妒與無情。有的，只是期待那光明的未來。

就在這時，從窗簾隙縫流入少些日光，董生打開了窗簾，列車已經過了北回歸線。太陽，那希望的太陽，正在從東邊高聳的中央山脈升上來。金色的光輝昭告台灣的黎明已經來到，好像在祝福這個新的、更生的戰士。「首先，要去拜媽媽的墓。然後要有規律地、堅強地開始第二個生命，要有希望！」董生仰首向著太陽發誓。

（林瑞波譯）

艷怨輓賦

在台南市有一風化區稱為「新町」，王育霖走過那兒，注意到老妓女過眼煙花的艱難處境，他以詩及歌詞來敘述她們那種幽怨哀傷的心情。林瑞波的翻譯：「花開蜜蜂相飛舞，花萎落土任人辱」恰到好處。本文原以日文刊載於台北高等學校《翔風》雜誌的十九號（即特刊「詩集號」），寫於 1938 冬天。（編按）

在遠古時代，西方有愛的女神維那斯（Venus），東方有唐朝長安後宮亂開之花。老人們以此為例，爭先指出女色會使人墮落到地獄之底，但是年輕氣盛的少年仍然掙扎著沸騰的血氣，高喊這是人間無上迷樂的溫柔鄉。

此地有一個名為新的遊樂街，冰冷的冬天無情地來臨，12月的冷風迴旋其間。有一天，我無所事事，白天過去探訪那街。舉目望去，招牌諸如「弄春遊亭」、「四時春園」等艷旗高揭，但是其下面低頭站著的女人顯得何其可憐！晚上有食物嗎？紅顏已成鬆弛枯黃，昔日的翠袖夜姬已不再！在此寒冷的蒼空下只穿一層貼身的內衣，披一件看來奇重而頹廢不堪的大衣，身材像是一塊塊的贅肉，誰會記得那誘人墮入深坑的傾城絕色？在這冷冷的冬天日光下，這

個無彩色的形影，只能奄奄一息地殘喘。

噫乎，試想一個浪漫的情景吧。

楚楚含笑東出　浪漫之月娘
月來香吐露著芬芳
霓虹的花妍燦爛開放
嫋嫋的絹綢長衫
像是蝴蝶在飛舞
如此甜美的春花馥郁香
不屬幽鬱的冬天
勝了茉莉花

人生就像蜉蝣，生命短暫難保，因此公子哥兒們都傲嘯，夢醒之前盡情遊樂吧！燃燒呀！醇酒呀！世上苦惱何其多！他們那燒盡變形的歪臉在自嘲。聽說從前有人戀慕令人陶醉的溫柔鄉，連下雨都撐傘前往吉原遊樂街，成為人稱「吉原雀」的座上常客。噫乎，南瀛舊都的少年呀，你們又撐什麼前往呢？

我默默停在街道，聽著飄來寥落的胡琴聲，那是妓女在啜泣，三百年積下來的哀歌：

花開蜜蜂相飛舞
花萎落土任人辱

憂傷的遊子，雙頰滴落燦然的銀淚。

忽然，有個小孩跑到我腳邊，也聽到有人在一個門口呼喚他，

96

大概是他母親，小孩跑回去了。這個無邪玩耍的小孩子有一天會問：「我的父親是誰？」軟弱的媽媽能夠忍受不久將會來到的那一天嗎？她抱著痛苦沉重的心，滿臉湧著淚水。

忽然聽到熟悉的歌調，信步走了過去。見一位漂泊的艷歌師，配合滴滴淚水奏著手風琴，歌謂：

這暗澹浮華的後街
冷冷的漏光在偷窺

隨曲和唱的人越來越多，聲音高起來。這首歌是艷歌師的拿手歌曲，懂得這些日文歌詞的人能有幾個？也許有人會嘲笑說，這是鸚鵡在唱歌。沒有學日文不是他們的罪，我怎麼會跟著嘲笑他們呢？聽了這歌曲，我感慨萬千。

世上，把妳在春天微笑的時候，稱讚為：

眉如綠色的柳葉
臉如嬌艷的桃花

很多人曾圍繞著妳，向妳歌唱。雖然如此，我還是願助妳一臂之力，脫離這世間的汙池。哪個人有這樣的清高與熱情？不必說那些弄世欺人之輩，就是那些假借風雅之名、猥褻清純少女之美的卑鄙詩人，也應受天誅地罰。敢站起來高喊救世的人，難得呀！

我有燃燒的熱情
嗚乎，我無能為力

艷怨輓賦

祈求妳有幸福，是我終極的心願
祈求妳有幸福，是我終極的心願

寫於昭和戊寅（1938年）晚冬於台南
（林瑞波譯）

台灣隨想

這是一篇很有趣的文章，讀者可以瞭解在時間的巨輪下消失的一些台灣之人情事物。王育霖以他巧妙入微的文筆，介紹好幾項不同的事物。其中一項「書房」，這是讀漢學的私塾，學生要學寫毛筆字，依序讀三字經、大學、中庸、論語、孟子、千字文、千家詩、尺牘（書信文）、幼學瓊林等，學完這些就完成普通課程。他們也學作詩，文章內附了不少當年所作的詩。此文以日文發表於台北高等學校《翔風》雜誌第二十號，於 1940 年 1 月 31 日發行。（編按）

聆聽街頭

依據中國古老的傳說，從前似乎存在著能理解鳥獸語言的人。春天，散步於森林時，倘若真的能夠理解啼鳴的小鳥所說的話，是件多麼愉快又有趣的事啊。有位日本人曾經跟我提到過：「當我散步於大稻埕與田舍道時，遇到了幾位正愉快地交談著的台灣女孩。當時我心想，要是我聽得懂台語的話，想必會相當有趣吧。」當時我心想的確如此。

我喜歡走在舊街道上，常會出門去散步。但是，不知是否被誤

認為我是日本人的關係。通過人群時，常會聽到一些不該讓別人聽見的談話。每當這個時候，我都必須一邊強忍住哭笑不得的笑容，一邊裝作聽不懂的樣子。

前些日子我在昭和町散步時，在我身後有兩個十七、八歲的保母，正以台語不斷地互相爭論著。我假裝要蹲下調整木屐的樣子，停下腳步。

「來去啦！來去啦！來去看啦。干那四角銀麼。」（走啦！走啦！去看啦。才四十錢而已。）其中一個女孩這麼說。另一個女孩就邊哄小孩，邊回了兩三句話。不久，那女孩就說：「好啦！好啦！我六點鐘卡來招你。」（好啦！好啦！我六點就來叫你。）似乎因為決定要去了，所以兩人停止爭論，往其他地方走去。

女孩們剛剛是在爭論著要不要去看電影。雖然她們倆要去哪裡與我無關，但是「才四十錢而已」這句話卻深深地烙印在我的腦海裡。因為我知道以前我家保母的月薪，除去從我家所獲得的食物與衣服不說，也才二、三圓而已。雖然不知道這兩個女孩的薪水是多少，但是應該在四圓左右吧。換句話說，四十錢實際上是她們倆收入的十分之一。她們倆為了娛樂，竟能隨口說出相當於自己收入的十分之一的金額「才四十錢而已」。以前在我家裡的女傭都會將薪水好好地收著，然後再交給自己的父母。偶爾我從父母那裡拿到零用錢，我也都小心翼翼地存在竹筒裡。至今時間尚未過十年，變化竟如此之大，令我感到十分驚訝。若僅歸咎於一句「由於生活方式進步了」，是否會顯得把事情看得太輕鬆呢？

我已去世的母親的故鄉是左營的「舊城」。在我們兄弟小的時候，母親帶去那裡，「舊城」還只是個純樸又自在的農村。然而，有一年暑假，我帶著弟弟回到許久不曾回去過的「舊城」時，我看

見了五、六間來歷不明兩、三層樓高的餐廳，與大約十間左右的撞球間。因為受到左營軍港帶來的需求，從前那純樸的農村，快速地轉變成不健康的城鎮。雖然我為母親的故鄉「舊城」的發展感到高興，但是在農忙時期，看見年輕人穿著醜陋的洋服，待在撞球間輪流等待打球的樣子，我的胸口就如同針刺般地疼痛。這個現象不僅僅是出現在「舊城」，恐怕許多地方也能見到吧。即便台灣未來經濟發展的趨勢在於工業化，但是如今的經濟重心仍為農業。在這樣的環境底下，純樸的農村以及村中的青年逐漸地墮落、腐敗，這是個嚴重的社會問題。

走在街上，聆聽台灣的人們正在聊些什麼，是件有趣的事。同時也是件寂寞且苦澀的事。我從人們的談話聲中來感覺台灣的氣息與脈動，並感受它的變遷。

關於書房

當我還在就讀公學校時，常常可以聽到從廟宇的後殿或是宗祠（祭同一姓氏祖宗的廟宇）或小路裡頭的狹小陋室，傳出小孩們大聲朗讀漢文的聲音。這就是「書學」，也就是所謂的書房。書房主要是教授漢文與習字的場所。在日治時期以前，這是唯一的教育機構。即便在我小的時候，因為漢文仍是最重要的教育科目之一，所以那時書房相當盛行。

我認識的某一位已經去世的富人，他就像一位頑固又守舊的老爺爺一般，即使當時已經存在著女子學校了，卻認為讀女子學校沒有用，因而嚴禁自己的女兒進入女子學校就讀，並強迫她到書房去接受教育。另外，像台南第一公學校直到昭和2、3年（1927、1928）

為止，授課內容還包括台灣式漢文。

　　雖然我未曾進入書房就讀過，但是從小時候直到我就讀公學校為止，及進入公學校後的寒暑假，父親都會將老師請到家中，讓我與兄弟姊妹們一同學習漢文。

　　起初是請一個叫陳老師的人來教書。因為那時我年紀還小，所以對陳老師的記憶僅限於他蓄著長長的鬍子而已。之後，請來的是一位叫做林水的老師。林老師是一位非常溫柔的人，一點也不可怕。林老師穿著一件具有女性風格的上衣，經常將挖了一個小洞的紙張放在書上，只讓我們看到洞中所出現的單字，並測驗我們：「這個字要怎麼唸呢？」第三位老師是趙雲石老師。趙老師是詩社「南社」的社長，前清時代曾任官吏，因學識淵博，而頗有名望。趙老師雖體型瘦小，但目光如炬，相當有威嚴。每當我們把字唸錯時，老師總會以斥責般地驚人音量來糾正我們。因此，至今為止我所遇到的老師之中，就以趙老師最為可怕。我從趙老師那兒學會了「四書」的朗讀。以上三位老師現今皆已去世。第四位老師則是我遠房親戚王老師，他教我作詩規則與信件書寫方式。

　　我學習漢文時的年齡比其他人小，通常是在六、七歲左右才開始學習漢文。入漢學時，會讓小孩帶著染成紅色的水煮蛋、蔥、芹菜以及花生糖，在父親或母親的陪同下，前去拜訪書房老師。此時老師會讓小孩祭拜供奉在書房正面的孔子牌位，並命令小孩在桌下轉動雞蛋。傳說此時雞蛋越是會轉，代表小孩將來學業成就越高。另外，因為蔥與聰明的「聰」發音相同，用以表示聰明伶俐。芹菜的「芹」與「勤」發音相同，跟勤勉之意相通。而花生糖則是要分送給同學，希望彼此之間的友情能如同花生糖般地甜美。這樣一來入學儀式就算完成，此時小孩才能算是正式成為書房的學生。

那麼，在教科書方面。首先得去買用石版塗上紅色墨水印刷而成的習字帖，用毛筆在本子上描紅習字。在這長四寸寬兩寸多的小本子上，只印有「上大人孔乙己化三千七十士爾小生八九子佳作仁可知禮」，這二十四字都是筆畫少、易書寫的漢字。每本約有八頁，每一頁都印著相同的文字內容，記憶中一錢能約可買到兩本。

　　習字帖可稱之為習字的第一課，但是讀本方面最先使用的是《三字經》。內容開始於「人之初，性本善，性相近，習相遠，苟不教，性乃遷」，全卷如一首詩一樣，由三個字為一句的段落所構成。雖然不確知首先學習這本書的理由，但是其內容涵義相當深遠，既富有哲學意味，又多處引用歷史、故事等內容，相當有趣。因為由三個字為一句的段落所構成，所以相當適合朗誦，是我所喜歡的書本之一。

　　接續《三字經》所學的是「四書」（大學、中庸、論語、孟子），講解內容大多採用朱子的注本為依據。因此，譬如《大學》的內容就是從「子程子曰，大學孔氏之遺書，而初學入德之門也云云」開始。

　　學完「四書」後，接著就學千字文、千家詩、尺牘（書信文）、幼學瓊林等。只要學完這些內容，普通課程就結束了。想更進一步作研究的人，將接著學習左傳、禮記、詩經、書經、易經、古文、唐詩等。

　　教學方式是第一次上課只慢慢地教導課文的念法。第二次上課，讓我們背誦課文。第三、第四次開始隨著上課次數的增加，逐漸增加要背誦的範圍，並且解釋經義。學生從老師那裡得知今天要背誦的內容後，便開始大聲地誦讀與複習該部分的內容。累了的話，就慢慢地磨起墨來，拿出習字帖練習毛筆字。針對初學者，老師則會

將字寫在墊板上，其後再讓他們把紙覆於墊板上，進行摹帖練習。

束修（學費）並不是定額，會因人與學習的教科書而有所不同。但是，大致在一個月七、八十錢到二、三圓左右。除此之外，在七月七日等特別日子裡，學生會包二十錢至七十錢的紅包（將錢用紅色的紙包起來，故稱此名）給老師。有些地方則是每月的一日與十五日，學生會帶一束香與一對紅燭到書院裡，而老師就會拿這些香燭來供奉孔子。

近年來，因為社會思想的變遷、生活方式的改變、漢文的荒廢以及日語的普及，前往書院就讀的小孩明顯地減少了。並且，書房若沒有獲得政府許可的話，不能隨意增設。再加上，以往的書房教育內容被併入日語課程中。此政策的施行，令許多不懂日語的老師們不得不就此轉業。因此，隨著老師們的辭世與轉業，書房的數量急速地減少。即便是小時候有數量眾多書房的台南，現在卻變成了，少到只用一隻手的手指頭來算都還有餘。從書房傳來的聲音，由漢文的朗讀聲變成了日語讀本的朗讀聲。這兩種聲音時而共鳴，時而相互反駁，製造出一種奇妙的氛圍，打亂了多愁善感的遊子心。

我學習漢文已是很久以前的事了。再加上，我來到台北之後幾乎沒什麼機會接觸漢文，因此已忘了大半。唯有在書架深處中，積了灰塵的老舊漢文書籍，與一本當時記錄了我漢詩創作的筆記本，讓我回憶往事。在筆記本中記錄著以下的內容：

於聽月樓

送我上北求學／棄人（王老師的別號）
獨占鰲頭上省垣

離亭折柳暗銷魂
一堂聚首今何在
汽笛聲中有淚痕

送我上北求學／韞石（姊姊的別號）
春雨濕塵似淚痕
行裝收拾暗銷魂
細心談事今何在
只望揚名顯裡門

送我上北求學／亦雄（另一位姊姊的別號）
古來才子多宏志
一到長征情倍溫
無恙健帆直北向
還鄉衣錦顯家門

留別／白雨（我的別號）
欲將負笈立功名
邪管關山阻客程
折柳忽聞三疊曲
斷腸多為故鄉情

　　兩位姊姊皆已嫁作他人婦；而老師現在兼教日語，並且在休假時經常會來詢問我們有關算術等問題。我在閒暇時，會將拙劣的詩集拿出來，一人獨自地吟唱。在聽月樓，這是我們命名的學習室，

台灣隨想

至今都還擺放著當時的老舊桌子。但是，再也無法聽見大家一起朗讀漢文的聲音了。我獨自一人默默地看著時光的流逝，感受世事的變遷。

偶感／白雨
落花有意
流水無情
橫雲侵月
知我心情

偶感／白雨
人生行路難
不許樂人間
今日又過去
悄然獨心寒

回憶於孔廟中

暑假的某一天，取出箱籠整理時，發現了我就讀台北高等學校尋常科四年級拿去參加趣味展的作品—台南孔廟的模型。用捲尺與短棒做測量，獨自一人所製造出的五百分之一的縮小模型。將它拿出來排列好後，突然間一股想去孔廟的衝動油然而生，因此立即動身前往孔廟。

相信不需我多言，大家都知道台南孔廟為全台第一座孔子廟，也是台南主要的名勝古蹟之一。然而，台南孔廟對於我而言，是個

有著特別深厚回憶的地方。

　　我的母校即現今的末廣公學校，在當時被稱之為第三公學校，其舊校舍鄰近孔廟。因此我們常常會跑去廟中池子的周圍與大成殿玩耍。或是廟中有畫家在進行寫生時，我們就會站在畫家旁好幾個小時，觀看他作畫。舊校舍多為老舊房屋，裡頭以粗大的原木加以支撐住的建築物。每當下雨時，雨滴總是毫不留情地拍打在老師與學生的肩膀上。因此，梅雨季或者是房屋修繕時，就會將書桌搬到孔廟中進行學習。我也曾經在「明倫堂」中學習過一次。「明倫堂」正面的屏風上有著三寸寬的文字，裡頭是以雄勁的筆鋒所寫下的《大學》卷首的章句。因為我小時候曾學過「四書」，因此大聲地朗讀出：「大學之道在明明德，在新民，在止於至善。……其所厚者薄，而其所薄者厚，未之有也。」對我而言不是什麼難事。明倫堂兩側牆壁上，有兩字一組，一字大小超過一平方公尺的「忠孝節義」四個大字。傳說這四字為宋文公的手書。還記得那時，我抬起小小的腦袋，讚嘆著竟有人能寫出這麼大的字。

　　根據文獻記載，台南孔廟約在距今三百年前的明朝永曆20年（日本寬文6年、清朝康熙5年，1666年）由鄭成功之子鄭經所創建。爾後又增築，並於大正6年（1917年）進行大整修後，才成為今日我們所見到的樣貌。所有的圍牆都塗成紅色。前些日子經過這裡時，看見這些圍牆在烈日下閃耀著，彷彿剛刷過朱紅色油漆一般，美不勝收。穿過上懸「全臺首學」匾額，名為「大城坊」的著名大門後，進入院內。在右手邊的是名為「文昌閣」的三重塔聳立於鳳凰木與榕樹之上。曾經想過即便只有一次也好，登上「文昌閣」頂俯望整個台南市。然而，在多次環繞塔後發現，「文昌閣」是一座入口的門無法打開的塔。看見白色的牆垣上所沾染的土褐色比起小時候更

為明顯時，我默默地有股寂寞的感覺。進入院內後的左手邊，現在已成為台南神社的外苑了。昔日綠色混濁呈半圓形的「泮月池」，現今池子周圍都變成水泥地了。據說這個池子的底部有三口井，每一口井裡住著一隻大烏龜，水會從井裡源源不絕地湧出，不論遇到怎樣的旱災，水池裡的水都不會乾涸。如此說來仔細回想，我待在這裡的六年間，不曾見過池子的底部。看見「泮月池」令我回想起，我曾從班主任那裡聽到芭蕉的俳句「古池塘，青蛙跳入水聲響（古池や蛙飛び込む水の音）」後，我站在水池畔等待青蛙跳入池中時的往事。這令人難忘的深水古潭……。小的時候，我天真地認為這位名為芭蕉的名俳句家，必定也是看著這樣的風景，而詠頌出這首俳句的吧。

踩著一塊又一塊巨大又整齊的鋪路石，進入「大成殿」。孔廟正殿是以「大成殿」為中心，在其北側的是「崇聖祠」，東側為禮器庫與東廡，西側為樂器庫與西廡，南側為「櫺星門」。並且，在「櫺星門」的兩側則分別有名宦祠與節孝祠。「大成殿」中在其正面設有寫著「至聖先師孔子」的巨大牌位，在東配供奉著「復聖顏子」與「述聖子思子」，在西配供奉著「宗聖曾子」與「亞聖孟子」。除此之外在「大成殿」中並無多餘的裝飾。佇立其中時，能感受到微風夾雜著塵埃的味道掠過自己的鼻子與肌膚。但是，抬頭往上看的話，殿內上方的清朝歷代皇帝的御筆匾額顯得十分古色古香，彷彿尚未完全從夢境中醒來般地懸掛於此。根據文獻記載，其中寫道：「清朝自順治皇帝以來歷代皇帝即位時，都有著立即寫下對孔子的頌揚之詞，並製成匾額懸掛於北京的大成殿中之慣例。另外，在地方州縣的大成殿，則是將皇帝的題詞刻製成匾額懸掛於其中。」現今孔廟中有八個御筆匾額，其中最有名的就是順治皇帝所題的「萬

世師表」，與乾隆皇帝所題的「與天地參」。

　　孔廟的祭祀典禮分為春、秋兩祭，一年兩次。祭祀典禮的前一天，參與祭祀的工作人員皆集合於明倫堂，進行事先的演練。在祭典中，有約略二十名左右的少年身穿藍色的長衫手持長羽。在我同年級當中也有一人是這少年隊的一員。每當在祭典的前後，總能公然地向學校請假，因此令每個同學感到羨慕。我又再一次地感到，想將雙手合十，參拜孔子的衝動。

　　我一邊擦拭著額頭上滲出的汗水，一邊走出「大成殿」。老樹間「義路」與「禮門」兩門相向而立。我一邊撫摸著榕樹的氣根，一邊穿過「入德之門」，進入位於正殿東側的「明倫堂」。各個建築物的名稱皆與聖廟相稱，與道德有所關聯。不知不覺地感到，自己似乎也成為聖者哲人了。我今天曾慢慢地朗讀了放置於正面的屏風中所寫：「大學之道在明明德，在新民，在止於至善……。」的章句一次。曾經一起於此學習的同學們，現在都在忙些什麼呢？其中大多數已捲入世間的紛爭中，恐怕連走訪孔廟的閒暇（無論是時間方面或是興致方面）都沒有吧。孔子被尊為萬世師表，永存於天與地，但是我們卻如何呢？我們曾在孔廟中拍攝畢業紀念照。然而，其中大部分的人從那時起就不曾再見過面。我們在這裡最後一次唱「螢火蟲之光」以來，到現在還不到十年，但是彼此之間卻已產生了很大的隔閡。

　　外面的蟬不斷地鳴叫著，鳳凰木的花朵隨風散落。

回憶·祖母的生日

　　在僅僅數年內，台灣的風俗習慣瞬息萬變。被認為是沿襲中國

而來的風俗習慣，一件一件地逐漸消失。回想自己少年時代時，腦袋中第一個閃過的，會勾起我無限愛惜之情，則是媽祖遶境與祖母的生日等回憶。

每當媽祖遶境時，我們常會拿著「路關紙」（媽祖遶境的路線圖）跑去追遶境隊伍。我也曾經有過一次和哥哥騎著馬，與繞境隊伍一同結隊遊行。店員從閣樓裡拿出神轎的器具，將其洗滌乾淨並組合起來。看到這個，我們這些小孩不知有多高興，直盯著他看。遶境隊伍全部通過要花上一個半小時以上。在這過程中，我們眼都不眨地、興奮地看著隊伍通過。

另外，每當祖母生日時，親朋好友總會齊聚在一起慶祝。特別是在昭和3年（1928），那年正巧碰到天皇陛下的即位大典。祖母領受「欽定綠綬褒章」時的生日，就如同廟會一般。父親與母親從前一天開始為了準備而通宵熬夜。我們這些小孩也在凌晨一點半左右全被叫醒，換上衣服祭拜神明後，等待輪到自己向祖母拜壽。首先，父親依據「少司」（司儀）的號令配合「鼓吹」（樂隊）向祖母行「四跪四拜」。之後，我們這些小孩才依據長幼順序向祖母拜壽。等到親朋好友的拜壽結束時已經是黎明了。其後，燃放起將長串鞭炮綁在長竹竿上名為「竹篙炮」來表示慶祝。直到祖母去世為止，雖然規模有大有小，但是「做生日」（生日宴會）連續舉辦了七年。因此，對於我們這些小孩來說，祖母的生日是一年中最快樂且最期盼的活動。

雖然我的祖母於昭和7年（1932）的3月2日去世，但是依循古禮「出山」（葬禮）則是在3月31日。在這期間數次在檜木製的棺木上塗油漆，並在所謂的「做旬」時請和尚與菜友來大規模地舉行佛法事。在葬禮的日子，也有人專程從鄉下趕來參加，送葬隊伍竟

延綿近七百七十多公尺。在各方的勸說下，用膠捲將整個送葬隊伍拍攝下來。但是父親認為不吉利，因此一直不願出現在鏡頭前。即使如此，我記得曾經觀看過這個影片兩次。因為出現了樂隊、鑼鼓隊與數百個吊軸，不知情的人看到了，可能會誤認為是慶典的隊伍。

若是要用一句話來評論台灣舊風俗習慣的弊端，那或許能說這些風俗習慣過於偏重形式主義。只要看過喪禮的誇張程度與出嫁隊伍所形成的蜿蜒人龍之景象，就能理解了吧。

暑假的某一天夜晚，我與父親聊著各式各樣的話題。正巧聊到祖母時，父親一邊懷念著昔日往事，一邊說道：「我能有今日多虧了母親。為了對母親表達感謝之意，也為了讓母親高興，母親的生日與葬禮的儀式我皆遵循了古禮。如此一來，想必母親在地下也會感到高興吧。」雖然祖母的生日與葬禮儀式之形式內容被我批評為形式主義，但是聽完父親的這一席話後，似乎感覺得到在這些儀式內容的背後，存在著更深遠的意義。

台灣象棋（中國象棋）

在一家現今仍殘存於舊街市場的角落裡的漢書書店中，有一幅隨處可見的圖畫。圖中畫著三國志英雄關羽敗走麥城前，一邊接受華佗的手臂手術，一邊用另一隻手下象棋。無論這個傳說是否屬實，從畫中可知中國象棋似乎從很久以前就開始流行。並且，在李世民遊地府的原因之一「斬龍王」的傳說中，也曾出現過象棋。另外，「蔡端造洛陽橋」的傳說中，有著以下的故事。蔡端成為狀元（國家考試第一名）後，想重建洛陽橋以完成他長年來的心願。然而，因工程浩大，蔡端為經費與其他的困難所苦。就在這個時候，出現了仙

人們，跟蔡端保證會替他完成造橋的工作。但是，本來應該在限期之內完成工作的仙人們，即便是到了期限日仍然還沒有開始工作，只顧著下象棋。蔡端因此斥責仙人們工作怠慢。仙人們則回說：「我們現在就要開始建造了。」語畢並瞄準河川，將象棋棋盤丟入河中。就在這個時候棋子（中國象棋的棋子成扁圓筒形）變成了橋墩，而棋盤則變成了橋板。由此看來，中國象棋似乎上至皇帝與仙人，下至民間廣為流行。當然前面所述的傳說都是些無稽之談，但是作為與象棋的相關趣聞，則相當出眾。

日本象棋為中國象棋傳入後改編的東西，據說採取現在的形狀，並開始盛行是德川家康時期。中國象棋也一樣有段級位。中國象棋在台灣一般被稱為台灣象棋，聽說一位居住於台南一帶，賣螃蟹的老爺爺的棋力為四段，是全台第一。

雖然中國象棋的棋盤與日本象棋的棋盤相似，但是日本棋是將棋子置於方框中。與之相反，中國象棋與圍棋一樣，則是將棋子放置於縱橫線的交點上。比試時所使用的棋子兵種為：將（一）、士（二）、相（二）、車（二）、馬（二）、炮（二）、卒（五），故雙方棋子的數量合計為三十二枚。雖然規則各式各樣，其中台灣象棋與日本象棋間最大的不同在於規則中沒有「打入」[1]的規則設定。但是，有所謂的「王不見王」的規定，意指將帥不能直接會面，兩者間必須有其他棋子存在著。另外還有，將、士、相只能在一定的範圍內移動，絕對不能進入敵陣中。象棋這種室內遊戲似乎存在於世界各地。在歐美也有西洋棋，我曾經也學過西洋棋的規則。西洋棋中以皇后為最強，當中還有主教等棋子。這些棋子的設定都充分地反映出了民族性，十分有趣。同樣地，日本象棋與中國象棋也都各自地反映著自己的民族性。日本象棋是屬於立體戰，而中國象

棋則屬於平面戰。日本象棋中的「打入」規則，既可將其視為，不知何時何地會出現的伏兵，亦可想作是可對俘虜到的敵軍施以恩威，將其轉變成自己的同伴。因此，在攻防往來熱絡的盤面上，棋子總數經常是維持在相同的數目。然而，中國象棋在吃掉的敵方棋子後，盤面上就會減少相對應的棋子數，因而造成所謂的「和棋」之機會較多。特別有趣的是，中國象棋中的將帥可移動的範圍，只有己方的九宮格。且同為參謀的士與相不能進入敵陣之中。這個規則暗示著中國的將軍通常都只待在帷幄中，而不是親自站在陣前領兵殺敵。每當我一邊下著象棋，一邊想起不同的國民性所衍生出象棋的性質迥然不同時，總是不由得一陣苦笑。

這個暑假，我與弟弟一同前往高雄去學習。在閒暇之時，則總是與弟弟或是店裡的店員一同下象棋。某一天，我與弟弟在對弈時，一位很久以前就在隔壁店裡工作的掌櫃，嘆了一口氣地說道：「以前的人曾說過：商理衰微，講古行棋（買賣不景氣時，說書與象棋就開始會流行）。真的是字字切實啊。」

如此說來，這一兩年來無論是在台南還是在高雄，覺得似乎突然間下象棋的人變多了。從那一刻起，每當看見在下象棋的人，再也不覺得那是件風雅的事情了。反而期望他們沒有閒暇下棋。即使如此，想必如今下棋的風氣是越來越盛行了吧。

《現代（Modern）日本》朝鮮版讀後感

朝鮮和台灣，在很多層面上經常被拿來比較。去年十月下旬，現代日本社出版了《現代日本》朝鮮版，作為《現代日本》的臨時增刊號。雖然說是朝鮮版，但是內容上是朝鮮特輯，我趕緊買來讀

看看，相當有趣。

　　其中，最令人欽羨的是朝鮮的文化活動比台灣還要興盛，尤其是文學、音樂、舞蹈的領域已經相當具有組織在從事活動。這個特輯裡，以朝鮮文壇大家李光洙的近作《無明》為首，李孝石的《蕎麥花開時》、李泰俊的《烏鴉》，雜誌也刊登了金史良的介紹，稱「李光洙在早稻田大學的英文科就讀，可是他本質上的文學素養中是以北歐要素占優勢，李氏被譽為朝鮮的托爾斯泰，從處女作《無情》到最近的《愛》和《無明》，一貫主題是高貴的愛。李氏作品深受朝鮮廣大讀者的喜愛，無人能出其右。」《無明》的男主角金是兼具教養和地位的人，內容是他因為某項嫌疑而入獄的獄中記，但是貫穿整篇乃是崇高的愛，真實地描寫出朝鮮特有的風俗習慣和文物，是部崇高的作品。

　　當我們在討論台灣文學時，經常有意無意要求必須呈現台灣特色，可是在這個意義上稱得上偉大作品的，在台灣尚未出現。朝鮮原本就和台灣不同，擁有悠久歷史，而且人口數也多。可是這無法成為台灣沒有優秀的文藝作品誕生的藉口。台灣要到什麼時候才會出現大文豪，寫出代表台灣作品的作品呢？

　　同期雜誌卷頭是御手洗辰雄（京城日報副社長）的論文〈內鮮一體論〉，筆鋒相當辛辣。

　　「日本、朝鮮兩族一開始就不是像凱爾特人（Celt）和條頓人（Teutons），或者日耳曼人和撒克遜人這樣的不同民族。不必等到學者的研究，日本、朝鮮兩族在容貌骨骼以及言語習慣等各方面，比起說是近親關係，倒不如說是同一民族，這是很明確的。乍見之下會認為是異民族，這是因為兩千年大陸和島國分立的結果。如果追根溯源的話，日本、朝鮮兩族本是同根生，這比江北的枳，溯及

到橘[2]，還要自然不過了，輕而易舉的事情。現在，我們可以追溯至太祖回歸一元的狀態，但是回歸之後過了三十年的今天，日本人和朝鮮半島人的融合並不完全，歧視依然很明顯。從法律制度開始，在政治上、社會上還殘留一些尚待人類親手廢除的歧視問題。與其說是殘留，應該說歧視問題依舊橫行的狀態。舉個眼前的例子，半島人沒有參政權，沒有服兵役的義務，到日本旅行時需要證明書。官吏和公吏只給日本人特別津貼，或是到某個階層就不採用半島人的慣例。這不只是官吏或公吏，在民間類似的情況層出不窮。如果要細數不平等和歧視的問題，實在比比皆是。」

「半島人裡面，有些人舉出這些事實高喊著不公平，企圖造成社會的軒然大波，而這個情況一再地發生。即使到今日，依舊慷慨激昂地控訴這些不公平的事情。日本人尤其是為政者，則是傾向於避免接觸這樣的問題。原本這些欠缺思慮又急進的不平聲浪，從一開始就該懂得謹言慎行。話雖如此，對擺在眼前的現實故意視而不見，也是愚昧至極，可以說缺乏誠意和漠視事實。我們應該勇敢坦率地認識這樣的歧視存在，並且虛心檢討。這樣一來，才能夠開始學習達到真正的日本、朝鮮一體，消除歧視，成為平等的皇國臣民。

阻礙日本、朝鮮一體的思想，是半島人自身認為被歧視的宿命觀，與其完全相反的是日本人的優越感，對半島人缺乏理解能力，淺薄地認為兩族無法同化。」

御手洗氏如此分析道。接著，他做出了以下的結論：

「避免淺見和短慮，要站在歷史的宏觀立場眺望東亞大局，這才是至關重要。」因此，以朝鮮這個他山之石，我們應該可以作為借鏡。

還有，已故的京都大學校長濱田博士曾到台灣視察，當他要回

到內地的時候，在最後的廣播裡說了一段話：

「性急及流於形式的皇民化是有害無益。我們要有所覺悟，真正的開化需要花上一百年、兩百年的長久歲月。讓生蕃的生活在百年、兩百年之後，也提高到和我們一樣的水準，這是我們的道德義務。」（天野貞祐〈致學生的一封信〉）

我讀了《現代日本》朝鮮版之後，深刻感受到落在我們年輕人肩膀的使命是如此沉重。

論教育、學問、生活的態度

我還是小孩子的時候，因為經常生病的緣故，已故的母親請神明保佑我，經常是這麼說的：

「保佑這個孩子健康長大，成為獨當一面的大人。」

事實上，我的父母親曾告訴我要做一個獨當一面的大人，可是並沒有教導我要對自己的人生積極奮鬥。我曾經和兩三位台灣人的朋友提到父母親這種消極的教育態度，才知道原來大家接受的教育方針也是大同小異。過去，在中流階級以上的家庭教育，其目的都是消極地培養守成者，按照通常的慣例是「如果能守住家業就好了」、「即使沒有增加家財，只有不揮霍蕩盡就好了」。

關於這種消極的教育態度的是非、由來、原因，現在不是批評或評論的時候，所以在此作罷。可是，其實最大的肇因應該歸咎於台灣的風土人情，以及可視為台灣人一大缺陷的無力感和消極性。

與這個態度相匹敵的，還有把學問視為手段。在拙劣的意義上，以功利眼光看待學問的效用，把學問當作出人頭地的道具，還有學士的稱號只是為了向他人炫耀的頭銜，也是求得好姻緣的一大條件。

本來，這個思想不是只有台灣才有，但是在台灣尤其根深柢固。

多少的台灣子弟一邊被與世無爭的消極教育態度和功利思想的毒氣麻痺，一邊接受教育，然後從最高學府畢業。如果沒有什麼偶然的契機發現自我，或是批判自我的話，台灣人對於被給予的意識形態和意識內容就只是一味的囫圇吞棗，日復一日。就像默默排隊的人群，安逸於現狀，如同行屍走肉般的活著，在思想上只是在同個地方繞圈圈，卻絲毫不自知。發現自我和批判自我，我不知道是幸或不幸。可是，至少應該要這麼做，尤其是接受最高教育的人更應該如此—我堅信著。

有一位在某官立大學[3]就讀的遠房親戚，曾經如此告訴我：

「我自己又不愁吃穿，所以大學什麼的其實無所謂，我是為了取得學士頭銜，逼不得已的。」

他的父親幾年前過世了，留給他很大筆的遺產。因此，他還說「我必須趕快回家，管理家業。」於是，很多大學畢業的人藏身在「管家業」的美名底下，在糊裡糊塗的情況下，回到了故鄉。台灣有句俗諺是「食祖公糞」（吃祖先留下來米糠以餬口。或不用工作，靠父祖一代的遺產過活的人），有輕蔑之意。而「管家業」和「食祖公糞」之間，究竟有什麼不同？希望不單只是字面上的差異而已。

從東京回來的某位友人說過：

「來到東京或日本的同伴們，其中真正在認真讀書的，還不知道有沒有十分之一，官立學校的學生還算認真，但是如果是私立的，大部分就是真的遊學了。」

即使如此，前往日本遊學、東京遊學的人還是絡繹不絕，反而有增加的趨勢。父兄勤勞節儉寄送學費，學生前仆後繼的到東京，卻是到東京遊學。

在過渡期出生

　　總之，不管我喜愛與否，我是絕對無法離開這個島—台灣，也無法切斷緣分。因為滋養我的肉體是這個南島，提供我精神基礎的也是這個島，不管是稱讚這個島為華麗的島、浪漫的島、充滿香氣的南島，或者是咒罵這是骯髒的島、不易居住的島、怎麼都是壞心眼的人群居的島，我是這個島的一份子，這是無法逃避的。偶爾我會埋怨我背負的命運，偶爾也會慶幸自己的命運，但是現在我完成環島一圈，可以更加認識這個島時，與其說是悲傷還是高興，更讓我不得不意識到自己被賦予的命運，還有自己被賦予的使命。在悲傷之前，在高興之前，我深刻地體認到自己必須先清楚掌握這個島的真性情。

　　我在昭和14年3月（1939）環島台灣一周時寫了旅行記，以下是其中一段：

> 「還有很多老人不瞭解今日的台灣，
> 還有更多人不知道昨日的台灣，
> 不少人對明日的台灣抱著厭世思想，
> 也有不少人是抱著過於淺薄的樂天思想。
> 總之，台灣現在正在啟動，
> 必須盡快掌握這個方向和內容的本質
> 溫故而知新這句話真是至理名言。」

　　時間有主觀時間和客觀時間。客觀上，我開始意識到時間是在我四、五歲的時候，到今日才過了十五、六年；但是在主觀上，我

卻覺得這段期間自己好像經歷了好幾個世代。現在，回顧這十五、十六年的光陰，可能是因為要記住的東西太多了，感覺時間過了很久。還有少年時代的回憶彷彿是在不同世界發生的，往事就像隔著一層薄紗，如走馬燈般——掠過眼前。

也許，擁有充實美好的少年時代之回憶是件幸福的事情。這對於在過渡期間誕生的人、在瞬息萬變的現實生活裡遭遇挫折的人、偶爾被現實擊倒而意氣消沉的人來說，回憶是老天給他們的補償，也是老天給他們的安慰話語。（陳建瑋譯）

註釋

1. 將吃掉的棋作為己方軍隊重新放置在棋盤上。
2. 枳，又稱枸橘。《本草拾遺》云：「書曰江南為橘，江北為枳，今江南俱有枳橘，江北有枳無橘，此自是種別，非幹變易也。」
3. 官立大學指日本國家在第二次世界大戰前所設立之單科專門大學。

《大地》與台灣舊社會

這篇是王育霖讀賽珍珠（Pearl Sydenstricker Buck）名著《大地》後的讀後感。該書含有三部曲，深切地描述中國某大家三代的故事。王育霖以台灣的舊社會與書中的中國社會來比較。原文以日文發表於台北高等學校《台高》雜誌，1938 年 7 月 8 日發行。（編按）

　　賽珍珠（Pearl Sydenstricker Buck）夫人所著《大地》三部曲已是廣為人知的作品，該著作已無需我多做贅述。透過《大地》三部曲，一邊閱讀著此書，一邊比較台灣社會與書中所描述之中國社會的相似度，大大地增進了我閱讀此書的樂趣。在此我想透過賽珍珠夫人的作品來回顧台灣的舊社會，並試著寫下《大地》的讀後感。

　　馬場恒吾曾讚許《大地》是「我未曾閱讀過如此令我永遠無法忘懷的小說」。就連鮮少讚頌他人作品的谷崎潤一郎也極力稱讚該著作。我也覺得《大地》與我至今所讀過的經典名著相比，毫不遜色。

　　雖然原文是以平淡淺顯的文章所書寫而成，但是新居格近乎完美的翻譯，展現出原著的味道來。首部曲的內容是以王龍與其妻阿蘭為主角。身為貧農的王龍，拿不出錢來娶妻。從地方的大戶人家

黃家得到女傭阿蘭，並娶其為妻。阿蘭長得並不漂亮，卻是個寡言勤奮的女子。然而，中國的大地卻時時反覆無常地捉弄著辛勤工作的人。經歷洪水、旱災、盜匪與飢荒的煎熬，王龍一家好不容易在飽受飢餓的狀況下來到了南方，過著乞討的生活。在困苦的生活中，「我在北方擁有著土地」成了王龍的口頭禪，也成為支撐著一家的希望來源。其後，南方發生了中國特有的兵變，王龍與阿蘭趁此紛亂之際掠奪了相當多的財貨，因此王龍一家終於能夠回到北方去。大地這次向他們展示了恩惠。原本是佃農的王龍變成地主，有可以往來茶館的身分地位，最終更成為該地區第一大地主。到此為止即為《大地》首部曲中的內容概要。我們透過首部曲可以了解中國各個階級（特別是農民）的生活實態。其中最令人感到訝異的是，王龍直到結婚當天都不知道女方的長相。那時像這樣的結婚風俗習慣在亞洲地區隨處可見，並非僅限於中國。但是，對生活在現今的我們而言，光是想像都會覺得不可思議。更甚於此者，有「指腹為婚」之風俗。此風俗為雙方父母在孩子出生前即約定好，若一方生下的是男孩，另一方生下的是女孩的話，就讓他們倆結婚。在台灣此風俗雖然沒有如同中國那般地盛行，可是直至最近，此風俗習慣仍然存在於台灣的各個階級中。

　　一般小說中所出現的女性角色，有九成皆為絕世美女，可是對於阿蘭的樣貌描述卻是缺乏姿色的女子。從這裡也能看出中國的社會狀態。女子單憑美貌即可搖身變成貴婦的例子在古今中外很多，在中國更是如此。每當閱讀中國的小說時，一族因此而得到榮華富貴的故事經常出現。即便不是如此，身為奴隸但凡有點姿色的女子，皆逃不出大戶人家中公子哥兒的掌心。這就是文中，何以王龍的父親會說：「你有聽說過大戶人家中有美麗的奴隸吧？那些女子皆被

年輕的少爺們給隨意地玩弄。甚至醜一點的，只要是處女就可以。」即便是在台灣，直至今日除了那些真正受過教育的女子之外，想要嫁個金龜婿的想法，仍不意外牢牢地深植於一般女子的心中。也有識趣的人們感嘆著：「在台灣有相當多數的女性（特別是未曾受過教育的女子）並非想與人結婚，而是想與對方的家庭結婚。」其次是女奴隸的身分地位問題。原文中所使用的是"slave"一詞，所以新居格將其譯為「奴隸」。但是，馬場恒吾對此提出了異議。他的讀後感如下：「因阿蘭是個被賣掉的女子，所以她確實是個奴隸，可是不像西洋的一般奴隸有著悽慘的身分地位。與其說是奴隸，倒不如說是個經驗豐富的奴婢」。阿蘭的身分地位確實並不像西洋的奴隸一樣地悽慘，但是要將她的身分解釋為經驗豐富的奴婢，實有難以贊同的地方。在台灣亦是如此，從古至今女性傭人可分成三類：第一類為買來的女奴婢、第二類為做為抵押品的女奴婢、第三類為一般的雇工。

第一類即所謂的販賣人口。此類因不為法律所許可，大多以養女的名目來購買。然而，時至今日因法律手續過於繁複，像這樣的販賣人口幾乎已不復存在。一個四、五歲的女孩通常以一百圓左右的金額被賣掉。常出現於報紙上，受養父母脅迫而做私娼，成為花街柳巷中悲傷故事的女主角，皆為此類的女奴婢。

第二類被當作抵押品而成為女奴婢者，則如同以下敘述。當父母急著要用錢時，就會將自己的女兒帶往有錢人家中（或是拜託仲介）來借錢。大致上女孩的年齡以七、八歲至十二、三歲為主，需要在有錢人家中工作至十八甚至二十歲為止。在這期間父母雖不需付所借金錢之利息，但相當於付利息，這些女孩必須在有錢人家中工作。依當時的風俗習慣，若女孩到了適婚年齡時，父母就會替自

己的女兒尋覓夫婿。並將從女婿那裡得到的聘金用以贖回女兒，之後再將女兒嫁過去。馬場所指的經驗豐富的女奴婢應該屬於此類。然而，就阿蘭是被賣掉的這點來看，我認為她應該是屬於第一類的女奴隸才正確。這些制度站在人道立場來說當然應該要廢除，但是皆為經年累月的習俗，所以一時難以制止。

最後簡單地針對蓄妾一事做闡述。若要探究妾的發生，從三皇五帝時代即有跡可循。古書中記載著蓄妾是為了防止後嗣斷絕，但是大多是為了滿足肉體上的慾望，並炫耀自己的財富。資產階級蓄妾在台灣是常有的事，但是值得慶幸的是，這個風俗隨著教育的普及，自然而然地逐漸消逝。

《大地》第二部曲是以王龍的兒子作為主角。我們可以藉由該故事內容了解到中國的財閥與軍閥的發展過程。

第三部曲的主角則是王龍的孫子王淵。在本作中賽珍珠女士的筆觸更為鮮明，辛辣寫盡中國破產下之知識份子的煩惱。如果比較第三部曲中所描述中國的世態與台灣現代的世態，會有多處可以闡述的地方。如此一來，將偏離主題太遠，也為篇幅所限，只好就此擱筆。（陳建瑋譯）

日記摘選

　　王育霖檢察官被捕後，其夫人不知其生死，擔心他的藏書、作品、信件、日記裡有國民黨政府禁止的言論，會對王育霖不利，或用來控告他，所以大都燒毀。這本是唯一沒被燒掉的一本日記，時間是台北高等學校文科一年級，1937年4月至1938年3月，相當於現在的高中二、三年級。我們可以感受到他年輕時的大志氣與奮發向上的精神。（編按）

1937 年

5月7日

　　如果你們要衝，我也衝，絕對不輸給你們，我要衝。

　　我要衝到讓你們知道，如果忽略我，你們的任何文化研究運動都不能成功。

　　然後我還要繼續衝。

6月6日

　　我也不是沒有低潮的時候，我只是以猛烈的努力推開它。如果

我有勝過他人的地方，就是這個力量。從昨天早上到傍晚下痢六次，找醫生打針。

6月14日

啊，這是全面的敗退！這意味著什麼？

今年第一學期的期中考試分兩次舉行，6月11日至14日和7月初。

這期間我回家兩次，也有其他種種事情使我不能集中精神用功。到了考試前有一點慌張，不過仍覺得相當有準備，但是這樣的結果使我哭都哭不出來。

我怕失去第一名的地位嗎？那也有，那的確是一個很大的原因。不知為什麼我的心完全不開朗，深感沉重。

啊，這個全面的敗退！

如果要找藉口，的確多的是，但是訴諸於那些沒有用的理由等於寵壞自己，我不願意這樣做。

那麼，這個敗退原因在那裡？我要仔細思考，然後毅然向前邁進！

德文：輸給廣瀨二十分　　七十五分
歷史：輸給上山十分　　　八十分
英文：輸給池田八分　　　九十分

比廣瀨總分落後了三十分。

怎麼挽回呢？啊，很令人生氣！

無論有多少理由或多少託辭，我有何面目見母親？實在對不起

她。

我知道這個全面敗退的要因，我知道得最清楚，原因是我的自大。

啊，這次的慘敗確實起因於我的自大及懶惰。

啊，媽媽，對不起您！

因為之前少許的成功，過於相信自己的能力，太驕傲。忘了自己是劣馬，應盡十分力的地方，只盡一分力，把自己當成駿馬，自大而懶惰。

媽媽，對不起您。

只是被奪去第一名的地位也許不那麼嚴重，嚴重的是中了自大這個毒。天網恢恢疏而不漏，我自大，天就教訓我，天罰也！

6月20日

18日哥哥（指育森）與嫂嫂來台北。

剛好當天晚上在台日講堂有一個辯論會。我以「面對動蕩中的世代」為題做了一個十二分鐘的演講。我覺得相當滿意，演講會很盛大，但哥哥沒有去。如果是我，無論多忙也會去的。

19日早上坐車到草山（現稱陽明山）。這地方很好，尤其適合新婚旅行，如果是我的新婚旅行，我也會來此。

20日下午下山，帶他們到圓山動物園遊覽，然後去划船。

觀察哥哥他們，我不免覺得他們只是在玩結婚遊戲。他們二人曾經問過自己，什麼是結婚？為什麼要結婚嗎？好像只不過是「人家都結婚，我也結婚。」「看起來不錯，我也來。」這類的答案。這樣好嗎？這樣也許可以營造一個幸福的家庭，但不是一個真愛的家庭。一個不是真愛的家庭，如果是快樂，也就可以了嗎？啊，我

不能回答這個問題，我碰到了牆壁。我以為自己很聰明，懂得真正的人生意義，但終究還是五十步笑百步。

7月1日

　　花了很多錢四十三圓買了一個照相機。如果能夠用這個相機給自己的愛人照相該多好！

7月5日

　　我終於賺了三圓。這是我生平二十年來頭一次賺的錢。我把它放在媽媽的相片前，跪了片刻。啊，媽媽，育霖能賺錢了，我從心底告訴媽媽，也求她保佑我。

7月8日

　　現在是7月9日0時40分。

　　加油！再過九小時半就是暑假了。

　　加油！加油！

7月14日

　　下午去海水浴，遇到一位三浦先生。他是斗六大日本製糖工廠土地課課長。他請我吃雞肉燴飯，又給我很多有益的教訓。他談到有關日本學閥的事情，又說在學校成績中等就可，但是要培養實力，生性要豁達，偶爾小喝醉無妨，等等。

　　回到家裡已經七點多了，父親很擔心正要叫計程車去找我。我很對不起父親，也感受到他愛子心切。

7月29日

　　啊，雖然回到家，沒有人能安慰我的心，也許這是由於我的性格。我滿滿的鬥志，剛強不服輸的精神，使我每看到或聽到一個事件就心痛。

　　我完全不願輸，任何小事都不要輸。但是，世上的人都不認識我的價值觀，我是太過自信了嗎？

8月11日

　　學校寄來了成績單，不很好。沒有維持第一名，受到父親的提醒，我的心情也很不好。父親的關心我可以理解，我也覺得對不起母親。

　　敗戰之將不可言勇。我不要去辯解，雖於第一線敗退，我還是第二或第三線也。

　　從現在起，我要少說多做，直向最後的目標前進。不用贅言，我絕不放棄文藝部和辯論部，這兩個是我之所以是我的重要活動。

　　我要用盡全力，默默往前衝。

　　啊，媽媽，請保佑我。

8月25日

　　我又回到台北來了。種子田馬上來找我，我們一起上街，遇到松本，大家同去吃飯。飯中，松本大談他假期中在東京和他房東的女兒的一段浪漫史。啊，我怎麼連勾引女孩子都不會呢？聽他們的談話，我連一句話都插不進去。唐璜畢竟不是我的性格。我之所以是我，來自離開眾人，獨自一個人與書本相處。再見吧女人，再見吧誘惑，SAYONARA！

我要走我自己的路，我不與人同流合汙，盲目地跟在別人後邊。

9月9日

「為了母親」，這是我的信念也是我的原動力。如果從我取掉這個信念，我就沒有任何價值，變成一個行屍走肉。我的身體非常虛弱，我的頭腦很散漫，而且我多情膽小，但又傲慢。如果我沒有「勿使媽媽白白犧牲」的信念，我的存在就等於「零」了。如果我能有什麼成就，都是由於這個信念。我要拚，啃石頭也要拚。

11月6日

今天雖然是禮拜天，我充滿幹勁用功，收穫滿滿，簡直不敢相信。

「我父阿，倘若可行，求你叫這杯離開我。然而，不要照我的意思，只要照你的意思。」（馬太福音·耶穌之言）

使命！何等艱苦的使命，我要勇敢地背起來向前邁進，完成這個使命。

11月7日

今天到學校與同學們交談，發現「充滿幹勁用功的」並不只是我一個人，有人比我數倍用功而且效果更好，讓我覺得很慚愧。

因為文藝部的事務和稻田、坂井、松谷、友安等人會見。連稻田也說他最近經常用功到早晨四點多鐘才睡覺。

日記摘選

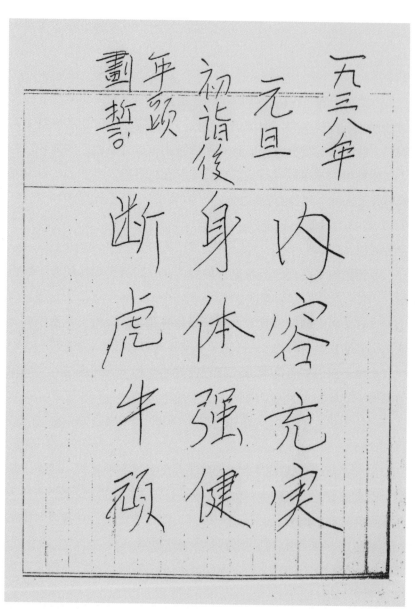

1938年元旦誓言

1938 年

1月1日

　　1938 年元旦年初拜拜以後，今年的誓言：

　　內容充實

　　身體強健

　　斷虎牛頑

　　年初閱讀了新渡戶稻造博士的「人生讀本」。

　　啊！這一年，我要盡全力用功。

1月8日

　　雖然北原不在，晚上受邀去玩紙牌，我實在是不想去。與壽子姊玩了一手紙牌輸了十三張。然後與鄰家女孩子打撲克牌，有輸有贏總算好玩，尤其和女孩子玩覺得很愉快。

　　啊啊，北原，不，叫你北原君吧，你對我的態度實在是不冷不熱，我真不能了解，可是想到你母親、姊姊及弟弟對我的態度，我不想和你交惡。無論你的態度如何，我要真心和你交往下去。你的家人對我的好意，我由衷感謝。

　　余今晚知道了，余家之財富、余之容貌、余之班上第一名、余之舉止，沒有引起人家的惡感。余在茲對母親表示感謝，媽媽，謝謝您。

1月10日

　　余所著〈新南方論〉沒被選上，但是雖敗猶榮，足於讓余這個大男兒給他們一個顏色看。得第一名的是一位拓殖大學畢業旳台南

人大谷南夢（這人很會擺架子）。余低估了這個徵文比賽，以為應徵的人不會很多，是一個台灣的小報社主辦的，所以太大意了，結果驚奇的發現投稿人中竟有遠自東京來的。

但是，這樣也好，讓余更加知道世間有多大，同時也為弱年十九的余有能力完成一篇這樣的論文，覺得揚眉吐氣。

1月11日

王育霖，你應走的路是要：

正義！

堅強！

帶給所有人幸福！

1月20日

媽媽，今晚我想念著您，流著淚寫了〈期待明天的人〉。

那也許不是偉大的文章，但那是我誠摯的感情，是要獻給媽媽的花，也要讓那些欺負過您的人明白的。

媽媽請您保護我們四個人，如果我們有什麼不對，請您引導我們。

請您安祥的在天上看顧著我們。我一定會完成我的願望。

1月21日

今晚去文藝部聚會再度觀賞電影《年輕人》。市川春代演得很好，她今年的票房一定很不錯。歸途中聽人家批評說，我在辯論會的預演中表現不夠好，不免覺得憂鬱。預演時北原與松田也都來了，我覺得自己表現得相當好，但是大概還是不行，可能就是說，我的

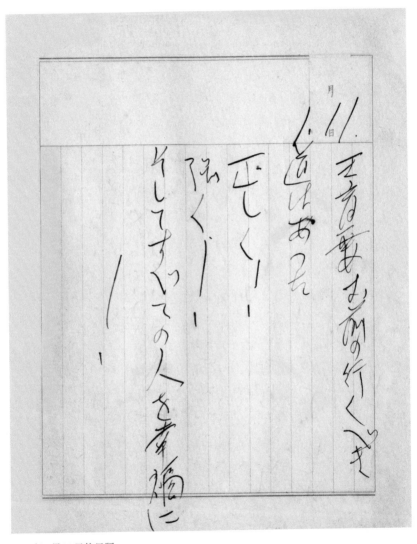

1938年1月11日的日記

程度比其他同是第一年的會員好一點而已。

1月22日

以「中國的學生啊，你們往那裡去？」為題目，今晚在台日講堂做了一場熱辯。

因為我準備得很好，臨場並無意外或怯場，雖然如此，面對廣大的聽眾還是非常興奮。我的論述內容非常充實，還加了手勢表情。結果很好，但是手勢的效果如何不太清楚。

事後和橫尾前輩談了約一小時，我覺得我們辯論部想要走的路已經開始了，而且很成功。橫尾前輩非常愛護後輩。

2月20日

啊，港都雨中揮淚送君行。

為了送畢業離去的三年級學長們到基隆碼頭，約有百位送行的人。送的人和被送的人大家都依依不捨，有人在哭泣。

我向熟悉的人打氣祝福。和橫尾君的握手，是何等感激，何等堅強，直扣我心弦。也和香山君握了手，低聲的說：「我會跟著您後面去。」對！一定要跟，無論如何，就是要啃石頭，我也要進東大！

與山口君、大垣君、春島君諸位也都道別了。

離去的人啊，祝你們好運。

（林瑞波譯）

台灣歌謠考

　　這是一篇相當有分量的論述，王育霖深入研究台灣歌謠的形態和演變，文中附了很多有趣歌謠的歌詞，可見他以台灣的文化為傲。為了翻譯這長篇論文，我們特別邀請成功大學台灣文學系的陳麗君教授翻譯成台文，用台文來講台語歌謠才是最貼切的。原文以日文發表在台北高等學校的《翔風》雜誌第十八號，於 1938 年 9 月 30 日發行。（編按）

　　「民謠定定是反應彼个時代民眾 ê 動向。毋但是反應爾爾，mā 預言彼 ê 動向，做好準備。」

—— 托爾斯泰 Tolstoy

意義

　　台灣歌謠就是帶有台灣鄉土特色 ê 歌謠。所以台灣歌謠 kap 台灣民謠應該是全（kâng）一个指稱。民謠若是照通俗 ê 定義來講是某地方 ê 民眾所唱 ê 歌。若是 koh-khah 嚴格定義，民謠就是某民族 ê 人對伊 tsih 接 ê 事物無所致所發出 ê 感嘆聲，而且得 著該民族 ê 人 ê 共鳴，傳

播ê過程之中，伊潛在ê內在音律予強調出來，尾仔放伴律調四界流傳口唱ê歌。因此若是干單三、四冬前所流行--ê，一般號做民謠，應該是創作民謠，毋是純正ê民謠。總是雖講是創作民謠，因為帶著真深ê地方鄉土色彩，特別是振動著地方民眾ê心弦時，將伊當作是廣義ê民謠來理解mā袂無合理。編選韓國民謠ê金素雲將民謠定義做：自然生成透過口傳傳承帶有人民韻律調味ê歌。造作手工ê混合物是無準算tī民謠領域內--ê。不過，若親像我tú-chiah講--ê，廣義來解說民謠，就算是人為手工ê透濫（thàu-lām）抑是完全創作ê物件，只要是透過台灣空氣ê鏡頭映帶出台灣色彩--ê，攏總會當作是台灣歌謠，就是我欲考察ê範圍內。

本成（pún-tsiânn）台灣歌謠kap其他比起來特別受著大陸ê影響。毋過成做伊根底--ê，猶是這个華麗島ê空氣、山水、kap風俗。較早這个土地ê人民所吟唱--ê，tsit-má就算咱袂曉唱，干單kā讀mā會當tap出南國樂天情調ê氣味。吟味tsia--ê純真素樸koh綿綿不絕情調ê歌謠，著親像透過薄絲teh欣賞身幔絲綢ê少女嬋娟使弄嬌態跳舞ê感覺。Tsia-ê無定（bô-tiānn）無算藝術品，毋過tī迄醸出ê氣味應該值得人欣賞。無定舊漚（kū-àu）、無定普霧（phú-bū）未清，但是有予人想欲kā愛惜ê所在。何況這篇論文ê動機是因為中國事變（同七七事變），不管是精神面猶是物資頂，攏tī-leh記錄日本踏出ê一大跤步之中ê台灣到今ê一个階段。若是會用得對整理舊台灣有小可幫贊，就應當講達成我十二分ê願望矣。

台灣民俗藝術 kap 歌謠

台灣bat有過啥款ê民俗藝術，koh現在存在啥款ê民俗藝術，對

阮 tsia-ê 居住台灣受著高等教育 ê 人來講是真有趣味 ê 問題。

　　我認為親像下面 tsia--ê，應該會當號做民俗藝術，上無會得當作是一種藝術 ê 發穎（puh-ínn）（發芽）。

　　起先就音樂來講，今日所殘存 ê 樂譜是 uì 中國引進 --ê，不管是南管亦好北管亦好攏是中國 ê 分支。特殊 ê 音樂有一種號做聖樂。一冬兩擺干單春秋大祭 tī 孔子廟演奏 ê 音樂。樂器 ê 數量約 26，跟從指揮者 ê 指揮合齊詩歌演奏，可惜這 mā 是對大陸傳來 --ê。干單有歌仔戲曲，會使得講是台灣發生 ê 純正音樂。歌仔戲 ê 曲有四、五種，歌仔戲演出 ê 時陣只要交替換節拍就會當予單調 ê 曲有所變化。調仔帶著頹廢 ê 哀調，主要是琵琶 kap 二弦絃仔（hiân-á）所奏。月光 ê 暗暝逍遙 tī 邊城時，若是毋知對佗位（tó-uī）傳來悲歌彼款 ê 歌調，通常就是歌仔戲 ê 音曲。這款節奏有溫溫慢慢，像欲煞 koh 毋煞、欲消失 koh 未消失煽情 ê 撓（ngiau）人心肝 ê 調，遊人聽著必定予這款太過異國情調 ê 調曲挑弄強烈感受著哀傷旅情。歌仔戲 ê 跤本（kha-pún）（劇本）是用台灣白話寫 --ê，真濟雖然是 uì 中國 ê 跤本翻譯再版 --ê，mā 有台灣做 ê 跤本。根據悠（in）演出來推察，我認為是無完備 koh 優秀 ê 跤本，tī 各戲團跤本若像是祕密。所謂歌仔戲 ê 歌曲就是將跤本 ê 對話配合歌仔戲特有 ê 曲唱出，和 Oo-phe-la 劇（opera）有類似 ê 所在。一般中國戲攏是 án-ne。

　　徙來（suá-lâi）看畫冊方面，有出相當有名 ê 人留落猶算精緻 ê 作品。講著圖畫就一定愛提起台灣 ê 版畫，手工技術頂雖罔有淡薄仔幼稚 ê 所在，真趣味 ê 是帶染著厚深 ê 台灣色彩。版畫會用得講和歌謠、歌仔戲成做台灣民俗藝術 ê 三足鼎立。若是美術工藝品，刺繡、雕刻、建築等主要是雕刻建築多數 tī 寺廟就會當看著伊 ê 精粹。

　　最後 tī 文學方面，詩歌以外無啥物值得看 --ê。就算 kā 台灣全誌 ê

索仔thau予開，hia-ê藝文壇ê散文攏是中國ê做官人所寫ê台灣紀行文。若是漢詩文集數冬前台灣新民報社有出版，較早--ê當然毋免講，mā收錄濟濟現代詩人ê作品。有關歌仔戲ê跤本tú-tsiah已經講過矣。小說類tī台灣無啥出品，大概無殘存。最近幾冬台灣出身ê作家tī小說方面真活跳--ê敢若有二、三人。Tuà tī台灣ê作家，根據新民報阿文之弟用漢文白話文體書寫ê《靈肉之道》kap《可愛的仇人》評價不止仔懸（高）。

相對中國ê漢詩，歌仔完全是這塊土地ê人民所創造發達出來--ê。Tī舊時代所謂讀冊人掀白目看袂起ê民謠，就是因為án-ne更加親近一般民眾。Tng當（tong）所謂讀冊人操弄困難ê規則teh做高高在上koh獨善ê漢詩時，民謠就tī熱kap光kap果子豐沛ê台灣空氣中養成，kap民眾做伙發展起來。然後，tī民俗鄉土色彩無濟（bô tsē）（不多）ê華麗島文化史上，歌謠kap版畫kap歌仔戲做伙踏出有意義ê跤跡（kha-jiah）。

歌謠 kap 中國 ê 詞曲

台灣歌謠kap中國詞曲是完全無仝--ê。歌謠受著詞曲ê影響雖是袂當否定ê事實，相對上歌謠是借漢字寫台灣歌，詞曲是用純正ê漢文書寫--ê。詞曲干單（kan-tānn）使用在南管北管等中國傳來ê音樂，原在是中國ê詞曲。代表作品有南陽關（南管）、霸王別姬（北管）等。歌謠主要是口傳，若是必要用字書寫台灣話時，無法度只好用漢字寫台灣話，較濟是借字。譬如像度（tōo）、等（tán）、著（tiòh）這款ê字。

表現法（用字）

　　歌謠ê表現分做譜kap詞兩方面。台灣較早ê民謠無樂譜。毋過若是創作歌謠、台灣流行歌就有西洋ê樂譜。中國式ê樂譜用上、工、叉、凡、士、合、乙等七个符號來表示。台灣歌謠ê譜猶毋捌見過用中國式樂譜表現--ê。舊歌謠無樂譜ê原因，是因為舊歌謠音律簡單，干單配合抑揚高低，大多數總仔án-ne讀出來爾爾。其實上、工、叉、凡、士、合、乙七个符號和Do、Re、Mi、Fa、So、La、Si共款。

　　Koh來有關詞ê表現，就是用字法。台灣無親像朝鮮彼款ê音標文字，必需愛寫字ê時不得已用漢字表達台灣話tī頭前已經講過。來看彼个用字法，就彷彿是日本萬葉假名。所以teh看台灣ê歌謠冊ê時，是袂當像teh讀一般中國文章án-ne，就算標附假名kap讀序符號mā無法度讀。用字法非常複雜，大體會使kā分做下面幾種：

借音	氣死人（khì-sí-lâng）、真見笑（tsin-kiàn-siàu）、無採工（bô-tshái-kang）、免細利（bián sè-jī）、有榮（ū-îng）
正訓	錢（tsînn）、窗（thang）、咱（lán）、前程（tsiân-tîng）、食飯（tsiah-png）
借訓	鬧熱（lāu-jia̍t）、葱葱（sām-sām）、目屎（bak-sái）、暝（mê）、有案定（ū huānn-tiānn）、手頭重（tshiú-thâu-tāng）、灶腳（tsàu-kha）
義訓	用嘴（īng-tshuì）、晏返（àm-tńg）
新造字號	迌迌（tshit-thô）、歹死（phái-sí）、按怎（án-tsuánn）

　　頂面ê借音、正訓、借訓、義訓、新造字號ê五種內底，使用上頻繁ê是借音、正訓koh義訓。借訓其次，新造字號的確上少。這五

種之中上歹理解ê是借訓，上趣味ê mā是借訓。

形式

形式上全部ê歌謠攏是七言四句上濟。七言四句初見kap漢詩相同，毋過相對漢詩複雜ê平仄規則，民間歌謠干單押各句句尾ê韻就會用得。譬如：

池中無水天做旱
天頂落霜地下寒
咱哥無娘當作伴
恰慘六月無水泉

親像án-ne，旱（hàn）、寒（hân）、伴（phuānn）、泉（tsuânn）攏有押韻。本成這押韻是親像tī漢詩ê所謂詩韻上平音下平音三十種，但是無嚴格ê區別規定，平音、仄音攏會使得。七言四句ê後一種少可（sió-khuá）有一定ê形式--ê是七言四句ê重疊型。無屬七言四句、七言四句重疊型ê是自由型，有一句三字--ê，mā有四字、五字--ê，無特別ê規範。七言四句重疊型tī純民謠就有出現，中國民謠傳來台灣ê時真時行（sî-kiânn），尤其歌仔ê歌詞攏是這款形式。舊民謠ê一條酒席歌就是這種七言四句重疊型ê代表。

食卓歌
就叫（kiò）親娘移棹椅（toh-í）
四面娶（suah）排酒砠碟（āu- phiat）

手攑（giȧh）牙箸就排起

四向湯匙排八枝

亦有李鹹與瓜子

芎蕉甘蔗鬥（tàu）四碟

就請君兒座大位

灶腳（tsàu-kha）燒酒攜（khéh）來飲

頭出（thâu-tshut）出來是菜燕

菜燕燒燒亦有煙

灶腳總舖煮便便

叫哥來食不免遷

二出出來加里（ka-lé）雞

此回無物真失陪

嘴裡得食箸得挾

斟到燒酒減（lim）一杯

三出出來冬菜鴨

專專是肉無頭角（thâu-kak）

叫哥夜昏（e-hng）食會飽

也有甜湯飲嘴乾

五出出來飽魚肚

飽魚切來真大箍（tuā-khoo）

阿兄無齒著罔哺（bóng-pōo）

請這總舖真糊塗

六出出來是杏仁

夜昏食酒較有親

食耍（suah）汝咱可做陣

締攜（kín khẹ̍h）燒酒與（hōo）哥斟（thîn）

頂面ê例形式內容攏是概有氣勢ê台灣民謠。自由型tī童謠較捷（tsia̍p）看，近年綴著（tuè--tio̍h）台灣話流行歌teh隆盛，自由型koh興起來，自由詩風ê歌詞就時行起來。下面紹介--ê就是這款形式ê童謠。

火金姑
火金姑　十五暝
請汝姨仔來食茶
茶米香　茶米紅
洪大妗做媒人
做何處　做大房
大房人屠（thâi）豬
二房人屠羊
打鑼打鼓娶新娘

分類

頂面論述著台灣歌謠ê表現法kap形式，以下欲根據台灣歌謠ê本質分類，分別詳細討論。討論各種分類後，整個論述台灣歌謠ê特質，最後追溯伊ê歷史變遷來做結論。台灣歌謠本質上會當分類如下：

純民謠、童謠、台語譯中國民謠、歌仔、創作民謠、台灣流行歌六種。

純民謠

　　橫跨北回歸線ê南方島嶼台灣就算是寒天，猶原是充滿著光kap熱ê樂土。盛夏ê日頭耀（tshiō）到溪水洘凋（khó-ta）溪底干pit，總是會消失tī溪畔林投邊，日暮ê罩網垂掛四邊時反轉做夜暝ê天地，椰子ê葉仔沙聲輕說，萬斗ê涼氣就uì郊外飄傳入來。這个時陣，已經疲勞厭ê島民就親像清醒起來án-ne開始活動。暗頓了後搬椅仔到庭lin坐涼，亦是步行去鬧熱繁華商場（Sa-kha-li-bah）。這陣就是台灣歌謠ê時間。絃仔（hiân-á）ē落（loh），傳出來ê音響，毋是歌仔戲曲，就是台灣阿哥唱ê詼諧（khue-hâi）ê純民謠。若是無土匪teh亂，較早ê台灣干若是真清閒（tshing-hân）。Tsia ê人kiám-tshái是樂天koh享樂。恁（In）ê願望和大多數ê純真樸素ê原住民共款，對異性強烈ê向望。Uì大陸移民來ê恁一開始就毋捌有想欲做大官抑是偉人ê願望。恁所向望ê日子只是有充足ê所費kap異性kap和平。我做純民謠ê調查時發現著有八成是teh吟唱對異性ê數想（siàu-siūnn）。先勿論彼款生活態度ê是正，確是快樂koh和平ê民族。Tī純民謠內底ê兄嫂姊妹，毋是兄妹mā毋是姊妹，只是區別男女ê別稱。

　　咱哥住在讀書窗（thang）
　　咱嫂刺繡在蘭房
　　心肝愛來思無機
　　假意來此尋某人
　　咱嫂坐在大門邊
　　咱哥坐在眠床墘
　　嫂嫂一身恰幼麵

嘴頰來斟即是甜

敢毋是情意滿滿技巧，mā有可取之處。

七言四句ê台灣純民謠koh號做「閒仔歌」。就是有閒ê時陣唱ê歌。四句若是個別來看伊ê意思，大概攏是頭前兩句講情景，後兩句說感情。然後頭兩句kap後壁兩句應該愛有相關連，毋過mā有頭兩句kap後兩句完全無連結，就類似日本古早詩歌內使用ê妝疊詞ê功能。這種毋免講，當然是為著補充話語不足所附加khí-lih--ê，mā有可能是親像平澤丁東先生講ê觸景生情ê諺語太過拘束ê關係。日本本地情歌歌謠ê主詞多數用第二人稱，台灣--ê用第三人稱ê較濟。若是分析和後面兩句沒啥物關係--ê，頭前兩句ê取材內容，有借天象--ê、借地景--ê、取材uì動物、取材uì植物--ê、借人物--ê等等濟濟種類。

譬論天象：
地下透風起土粉
天頂落雨起風雲
與嫂刈掉心肝悶
粥飯沒食潽（ám）沒吞

譬論地景：
光景真好龍山寺
艋舺出香蓮花池
並無一項作為記
用嘴相好無了時

譬論動物：

內葉（lāi-hioh）（老鷹）敲（khà）風半天飛

雉雞出世毛花花

當無好勢可講話

驚見落人嘴唇皮（怕被別人說閒話）

譬論植物：

珍菜開花真像香

稻仔弄花滿田洋

阿嫂生做此好樣

較慘陳三對五娘

譬論人物：

孔明用計在城頂

魏公押倒七星燈

娘仔的嘴極賢變

老鼠哭貓假盡情

　　滿州國民謠ê內容有人kā分做戀愛、風俗、諷刺、家庭kah其他。特別值得提起ê是有關對大家庭主義ê不滿怨感所產生ê家庭民謠。台灣雖是大家庭主義ê社會組織，毋過台灣民謠內底無看見對大家庭主義不滿怨感ê歌謠。我猜想應該是台灣大家庭式ê社會組織成立ê時日猶未久，所以到今猶無有不滿ê聲音出現。親像進前講--ê，台灣純民謠有八成是談情說愛。毋過隨著歌謠發展時間日漸久長了後，mā開始出現批判社會惡習慣ê民謠，抑是勸世歌謠ê產生，koh有反

應當代特色ê民謠等等。另外mā有毋是情事、諷刺、勸世、當代特色民謠，雜謠ê產生。

勸世歌

父母生咱咱生人
不孝父母先不當
有孝父母有所望
不當凌遲序大人（長輩）

諷刺歌

甕菜開花能打空
當今少年展凸風（phòng-hong）
其厝妻子別人飼
出來泣叫（háu kiò）娶細姨

時代歌

憲兵出門戴赤帽
肩頭負銃手舉刀
若有歹人即來報
銀票澤山（takusan）（日語，意為真多）免驚無
面抹水紛白茫茫
唇點胭脂一點紅
二粒乳仔雙雙對
十月懷胎暗暗藏

童謠

　　形式論頂已經講過童謠較濟採用自由ê形式。綜觀台灣童謠會當看出台灣童謠語調ê趣味性較重意義性。這是tī啥物國家ê民俗歌曲抑是童謠攏有看ê現象。特別是台灣ê童謠單純注重大聲吟唱調仔ê趣味，定定會予自然唱出ê聲調所束縛約束，無法度有啥物意義性。所以其中袂少是片斷ê無關聯性ê句排疊起來，毋知到底是欲講啥物（siánn-mih）。和有韻腳ê民謠共款。

　　月光光　秀才郎
　　騎白馬　過南唐
　　馬賢（gâu）跑　踢著狗
　　摘幾穗　摘三穗
　　一穗挨　一穗曝
　　一穗鳥仔食落腹
　　狗仔屢屢（khòk-khòk）吠
　　一个老公仔偷摘稻穗（tiū-suī）
　　婆仔食一碟
　　公仔斷手　婆仔斷舌

　　童謠根據內容會使分做以下幾項。普通童謠、拍撲仔（打拍子歌）歌、火金姑歌、手球歌、數字歌、搖嬰仔歌、臆（ioh）謎猜歌、磨石距（tsioh-kū）歌、雜謠等。童謠形式自由，因為字紙有限無法度一一舉例，tī遮干單舉搖嬰仔歌、雜謠做例。

搖搖眠　一暝大一寸
搖搖惜　一暝大一尺
赤查某赤柏柏（pê-pê）
點火燒大伯
大伯走上山
點火燒大官

　　有關童謠袂當無講著--ê是日文台灣兒童童謠集ê出版。這本冊是宮尾進先生uì台灣小、公學校兒童ê作品選出收集，塩月先生裝幀設計昭和5年（1930）出版--ê。舉一例看：

十五夜の龍	十五暝ê龍
あつちも　ワツシヨイ	彼爿（hit pîng）mā hè-sioh
こつちも　ワツシヨイ	這爿 mā hè-sioh
ジャンジャン　ボンボン　長龍さん	大大尾尾長龍兄
あなたの　お顔は　こーわいな	你ê面形 kái 恐怖
なーがい　お舌を　ちよちよろと	長長喙舌 tin-tong 幌
あなたの　しりつぽ　おもしろい	你ê尻川（kha-tshng）真趣味
あつちでも　爆竹	這爿 mā 放炮
こつちでも　爆竹	彼爿 mā 放炮
パラ　パラ　パンパン	Phih-lí pha-lā póng-póng
長龍さん	長龍兄

台譯中國民謠

　　大陸ê移民頻繁來台確實是台灣奉清朝詔令後開始，中國民謠ê

台灣翻譯leh時行是koh較以後ê代誌。後來，毋但是中國ê流行歌、電影主題曲mā有台語翻譯。而且tsia-ê翻譯歌有ê是取原曲ê大意，大體上是完全創作ê歌。通常是一開始配合中國ê曲來唱歌，了後出現台灣ê作詞作曲。這就是台灣流行歌ê源頭，是台譯中國歌做起頭--ê。較老ê台譯中國民謠內底比較khah傑出ê是〈十二更鼓〉kap〈雪梅思君〉。掠揣（liah-tshuē）著人微變ê情緒koh情意綿綿ê創作性翻譯，翻著真好。

〈十二更鼓〉uì十二節構成，每一更描寫愛人ê動作。一節是七言四句。更鼓就是通知時間ê鑼鼓聲，更數用鼓聲拍出來。一更是現代ê下晡八點前後，每二點鐘就增加一個更數。十二更就是描寫愛人一工ê敘情詩，具體描寫時間ê進行中二人ê動作表現，敢若是teh看豔麗情色畫冊ê感覺。我過去捌（bat）翻譯過這首詩題做〈戀情鼓歌〉，下面提供數節互恁參考：

三更更鼓月照門　牽君分手入秀床
双人相好有所應　恰好（khah hó，勝過）小種泡冰糖
四更更鼓月照窗　第一相好咱二人
甲君相好有所望　阿君僥（hiâu）娘先不通

〈雪梅思君〉是一位號做雪梅ê年歲輕ê未亡人寫出一年透冬ê歡喜。加上潤二月ê十三个月當中雪梅所見--ê、所聽--ê，縷縷道出伊懷念夫君商霖哀切ê純情。加上序節kap評節總共十五節，一節八句，第四句六言，第八句八言，其他七言。〈十二更鼓〉kap〈雪梅思君〉攏是配合中國原曲唱出，特別〈雪梅思君〉ê曲真有名。過去我bat聽過藝旦手抱琵琶，震動ê嚨喉聲唱出〈雪梅思君〉。彼款深

台灣歌謠考

切哀怨ê光景到今猶原放袂記得。是遐爾仔（hiah-nī-á）擽（ngiau）人心肝ê詞曲。

歌仔

討論形式論ê時就有講過，歌仔攏是七言四句ê重疊型。有ê歌是七言八句ê重疊型，八句八句分開來看會使成做個別ê歌。台語叫這號做「歌仔」，干單tī台灣看會著。歌仔無曲譜只要配合調仔koh趣味ê落腳韻讀就會用得。古早興ê時，作造kap歌唱lóng真濟，近年因熟bat漢文ê人減少，koh受新教育ê人輕蔑否定ê態度ê關係，用台灣白話寫ê tsia-ê歌謠普及力漸漸衰弱。毋過，不管是內容面抑是意義頂，攏確實有伊優秀之處。歌仔所使用ê語言是台灣白話、台灣土話，所以有時雖罔有粗魯直接ê欠點，mā是因為án-ne歌仔tī日常諺語、日常諷刺、日常罵話ê表現真有力，活跤跤（uah-lìng-lìng）浮tī紙面頂，真有意思。題材廣闊取自台灣社會各方面無制限，我認為欲了解台灣社會百相，無比這koh-khah便利ê物仔。無論認真--ê、講耍（sńg）--ê等等，所有ê題材攏網羅在內。歌仔會當親像下面án-ne分類。傳奇小說故事歌仔、調情歌仔、勸世歌仔、諷刺--ê、帶時代色彩--ê。

歌仔之中傳奇小說故事歌仔數量上濟。我想是因為欲普及傳奇小說故事予一般教養猶淺ê民眾，除了用講古ê方式口傳以外，歌仔是一个法度，mā可能是因為歌仔ê形式適合唱出tsia-ê長篇故事。孟姜女、呂蒙正、白賊七、三伯英台、陳三五娘等等擴散到台灣ê傳奇故事攏tī民間流唱。因為無閒大概紹介tsia-ê傳奇小說故事，tsit-má只會當簡略起來，毋過tsia-ê歌仔和台灣ê傳奇小說故事有切斷袂離ê關

係。

情事ê歌仔共款袂少。病囝歌、悲情薄命妓女歌、為郎憔悴歌等種種ê情事歌攏有teh唱。

勸世歌ê形式因為是七言四句重疊型，會使包含豐富ê思想，不止仔重鹹。

Mā有勸說戒除鴉片之害ê勸改修身、文明勸世等歌。Koh有號做花柳病歌仔，勸世mā同（像）時激烈批判諷刺ê諷刺歌。諷刺歌tī台灣歌謠史放出光炎（kng-iām）ê光彩，所有輕文學諷刺文學內底應該koh揣無像tsiah爾重鹹ê諷刺，tsiah爾輕佻ê幽默。諷刺歌有前述ê花柳病koh其他種種，其中上蓋優秀ê是〈驚某歌〉。

驚某歌

暗時出門限點鐘
少許（sió-khuá）過點講無情
我的驚某拾四症
罰打罰跪洗房間
出門美衫袂使（buē-sái）穿
有補的衫穿外爿（pîng）
打扮袂輸呂蒙正
乞食一份無鞋成

帶有時代色彩--ê，有將日台會話集提來唸歌--ê。親像「ナンキンマメ（Nankinmame）土豆仁」án-ne日語ê單字kap台語ê單字排排--leh，利用韻腳書寫出來ê歌仔。這種歌tī最近兩三冬時行。讀著輕佻趣味，雖然無系統提來欲記單字真好用。其他〈萬項事業歌〉mā類

似 án-ne。歌仔近年衰弱，雖然加減有出一寡新歌，我認為袂 koh 有啥物真大 ê 進展。會當解讀漢文台灣白話 ê 人愈減少，tsia-ê 物件干單是踏向衰滅 ê 運途爾爾。

創作民謠

近年所謂民謠詩人輩出，新民謠 ê 創作相續（sio-suà）登場。因為和唱片公司 ê 連攜合作，新民謠創作 ê 風氣風靡全日本。台灣 mā 無例外，各種民謠調 ê 歌謠出脫。譬如〈採茶花鼓〉、〈蓬萊花鼓〉就是。花鼓是音頭 ê 意思。毋過畢竟 tsia--ê 是 tī 頭殼內激出來 ê 民謠，欠缺大眾性流行 mā 是一時而已，無長遠 ê 生命力。

台語流行歌

受著台譯中國民謠 ê 刺激，koh 唱片普及 ê 影響，台語流行歌雄雄（hiông-hiông）開始興旺是昭和5、6年（1930、1931）以來 ê 代誌。台語流行歌 ê 歌詞、歌曲、主題曲 ê 流行 mā 對台灣產生影響。輸入台灣有名 ê 中國電影攏有配主題曲。有名 ê 電影主題曲譬如〈桃花泣血記〉、〈倡門賢母〉、〈懺悔的歌〉、〈人道〉、〈怪紳士〉、〈一個紅蛋〉等。一般流行歌親像〈紅鶯之鳴〉、〈青春望〉、〈自由船〉、〈送君詞〉等等。特別是〈紅鶯之鳴〉這首歌，昭和6、7年時紅遍半爿天。初期出版台灣流行歌 ê 唱片公司主要是 Colombia，後尾 koh 有 Victor，OK 唱片公司相爭出片。

這个時期是台語流行歌開展 ê 初期，作詞 ê 人比較 khah 有漢文素養，又 koh 是以中階以上 ê 人士做目標，歌詞洗練優美，雖表達情事

但有品味、唱工婉曲、運用濟濟ê奇巧工作。這个時陣ê歌詞用字有受著中國ê正式白話語體ê影響，借字、新造字khah少。咱來看一首有名ê電影主題曲〈一個紅蛋〉就會當知影這陣ê情形。〈一個紅蛋〉就是一粒紅卵ê意思。若是欲講一下電影ê戲路通做參考大概是án-ne，一位娘囝嫁予大戶人家做新婦，洞房花燭暗才知影翁婿袂用得人道，雖然一時受著打擊，毋過猶是決定一生清心奉待翁婿。二人雖無肉體上ê情愛，但是兩人相隨感情和睦。有一日，一个親成提一粒染紅ê卵來，講是紅卵食落著生後生（hāu-senn）（男生）矣。娘囝聽著目屎著滴袂煞，就講出伊無法度有子嗣ê緣由。Tī中國袂人道ê人無資格娶（tshuā）某，因為親成四界傳，大家就罵悠，雖罔是大戶人家mā袂當耽誤娘囝ê青春，總仔（tsóng-á）造成伊離鄉出走。娘囝哀嘆翁婿離開，結果十幾冬後翁婿事業有成轉--來，悠（in）兩人koh再做伙相伴過日。後面應該干單看歌詞就真好理解意思，無需要koh khǹg翻譯。

一個紅蛋

想要結髮傳子孫　無疑明月遇黑雲
尪婿耽誤阮青春
噯唷！　一個紅蛋動心悶

莫想享福成雙對　那知洞房空富貴
含蕊牡丹無露水
噯唷！　一個紅蛋引珠淚

春野鴛鴦同一衾（siū）　情傷泪淬難得禁

掛名夫妻對獨枕 噯唷！　一個紅蛋潛亂心
情愛今生全無望　恰慘水鱉墜落甕（àng）
堅守活寡十餘冬
噯唷！　一个紅蛋備苦痛

毋過，台灣流行歌〈一冬過一冬〉描寫愈來愈露骨，品味明顯墜落，有價值ê歌詞愈少。而且作曲上mā愈不見佳曲，到這擺中國事變（同七七事變）爆發ê時陣，差不多已經行無出路ê感覺。

特質

金素雲先生講，朝鮮民謠ê特質就是和醉心外來文化ê知識份子來對立。若是如此，台灣歌謠ê特質在哪裡？

台灣歌謠ê歷史雖然無超過數百冬，mā孕育出親像歌仔這款ê獨特形式。這mā絕對是形構台灣歌謠特徵ê重要要素。毋過創造出tsia-ê物件深層ê本質，是跳脫舊套漢詩ê制約，自由奔放ê使用土話俗語，雖罔有粗野之憾，卻直接唱出南國ê熱情ê所在。

建構台灣歌謠ê人，大多數是無讀冊ê文盲，毋是干單熟讀四書五經輕視小說戲曲ê所謂讀冊人。Tsia-ê人內底有--ê捌曉漢文，mā為之不足。而且tsia-ê大眾是南國囝兒，熱情樂天koh享樂。Uì悠（in）ê心肝底茁（puh）出來ê歌謠，就算傷過（siunn-kuè）直接落得粗野mā是無法度ê代誌，熱情mā是拄仔好（tú-á-hó）爾爾。

追溯歷史 ê 變遷

以上長篇講述各種台灣民謠，tsit-má 做一擺總覽伊 ê 歷史。只有 án-ne 才會得察知後日台灣歌謠 ê 趨向。

```
                    ┌─ 純民謠、童謠
純民謠、童謠 ──────┼─ 歌仔
                    └─ 台灣譯中國民謠─創作民謠─台語流行歌
```

親像上面 ê 圖表，真清楚會得了解台灣歌謠順事（sūn-sū）發展到今 ê 情形。同時，現今 tsia-ê 已經行袂開腳。Tsia-ê 若是 koh 用共款 ê 形式、共款 ê 手路來表現、演唱共款 ê 內容，一腳步攏無法度進步，最終干單是自我滅亡爾爾。過去 ê 純民謠因為時世改變，到今大眾兒童已經無 teh 歌唱。我 koh 細漢 ê 時，定定和囡仔伴做伙唱童謠迌迌（tshit-thô）。我 koh 會記得較早有一个牽車 ê 車夫，阮定定纏綴伊唱閒仔歌予阮聽。車夫就坐 tī 車頭 ê 橫木頂，手拍撲仔搖頭幌面唱閒仔歌。阮 khiā-tī 暗淡 ê 電火 phok 仔腳，聽 kah 袂記得時間，一直倚（khiā）到厝內 ê 人來叫才知轉去。閒仔歌 tsit-má 差不多消失矣，連搖嬰仔睏 ê 歌 mā 攏予外來語言代替去。

歌仔創造是一首一首接續落去 --ê，雖罔無欠題材，但是 bat 漢文 ê 台灣白話 ê 人愈減少，tsia-ê mā 行向衰滅 ê 命運。

台灣歌謠一方面對台語翻譯中國民謠、創作歌謠、台灣流行歌 án-ne 發展起來。我認為流行歌和進前 ê 民謠創作、歌仔比較起來發展 ê 可能性 khah 大。毋過就 kap 日本相像，流行歌 tī 台灣已經行到一个坎站。又 koh tú 著事變爆發。流行歌為著欲拍開這个停頓 ê 局勢，

mā是必然性ê開始流行時代色彩厚重ê歌曲。事變發生後，台灣皇民化運動推展，因為日語ê普及kap全島人民自我警誡約束，koh唱片公司緊縮政策ê關係，台語流行歌差不多絕跡。成做拍開市場ê對策所販賣是將台灣流行歌翻唱做日語ê歌。親像「榮譽ê軍士（譽の軍夫）」就是án-ne問市--ê。

這種開市策略到底敢會變成全台灣歌謠大反身ê關鍵，雖然tsit-má無人會知影，毋過這款傾向ê歌應該是會愈來愈流行。本成我mā無認為台語流行歌會一時間就消滅，總是有可能和純民謠、童謠、歌仔共款，漸漸淡薄落去。就是講，台灣民謠因為是過去台灣ê產物，必然帶著一步一步行入去過去ê運命。

結論

目前台灣在各方面攏屬是過渡期。Tī社會面、經濟面、文學面、歌謠面頂攏無一个所謂正確koh應當愛行ê路。過去和未來複雜交錯ê當中，人往往揣無（tshuē-bô）該當歸依ê方向，所以迷失。Tng-tong過渡期ê知識人毋但愛為著家己mā是為著眾人，必須努力搜揣（tshiau-tshuē）出可歸依ê正確ê方向，同時（siâng-sī）為咱後代ê人，整理出khah容易理解過去ê物件。親像我tī話頭所講過--ê，tsit篇稿若是會用得對整理舊台灣有小可幫贊，就應當達成我十二分ê願望矣。

參考冊目

平澤丁東編，《台灣歌謠と名著物語》，1917。

宮尾進編，《台灣兒童文庫傑作選》。

其他多數ê台灣歌仔冊。

詩集

春宵吟

南國春天時	南の国に春めきて
花草當翠青	草も青々に花咲ぬ
我在雨過月光暝	雨去りし月夜に佇めば
花園百花正當開	咲き乱れし百花の園
無意中看見	ふと眼にしむる
尾蝶成雙對	つがいの胡蝶は
飛來又飛去	飛び舞うを
怎樣咱著分東西	何故や君は去り行きて
怨嘆在心內	ひとり嘆くぞいたましき
夜半露水滴	夜半に滴る露しずく
百花飄香味	百花ともに香ばせぬ
我在春天更深時	深かむ春の宵に佇めば
琵琶彈出斷腸詩	琵琶の音いよよ切なし
無意中聽見	ふとひびきくる
哀韻入阮耳	うれいの調べは
乎阮心頭酸	胸打ちて
一暝感覺二暝長	寝ねをさせず長き夜を
孤獨待天光	如何して明さむ君在さで

編按：《春宵吟》原為1934年的一首歌，周添旺作詞，鄧雨賢作曲，在此改編成詩的形式，並翻譯成日文。

詩集

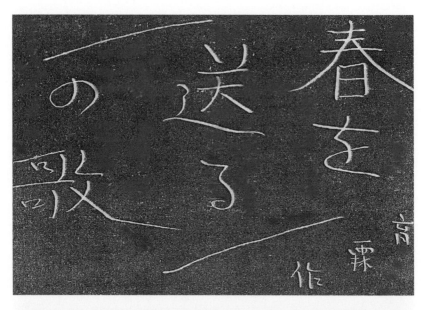

〈送春之歌〉原文

送春之歌

1

追尋著　永無止盡的真理
在迷茫中徘徊　年輕人啊

2

一飲而盡的酒　哎呀真是苦澀
苦澀的酒　卻一杯接一杯

3

找個霓虹燈的暗處　把身體靠住
不能失去　我的男子氣概

4

相遇卻又離別　這就是人生
短暫的回憶　你也哭了

5

青春　一去不復返
送別之情　你可明瞭
（張雅婷譯）

青春

你有希望　也有青春
剛剛分手的玉女這樣跟我說
這是一個謎
眺望著細雨淋濕的路面
我思索這個謎的解答
濛濛夜雨中
雨點打在黑色鑽石的路面
彷彿是列列燐光跳耀
我凝眼透視那陣陣閃光
覺得盡頭遠處
隱藏著秘密的謎底
但是　她又說
我們的命運像是被踐踏蹂躪的花
是嗎　我沒有青春嗎
人說春天充滿著香味
那麼　我的身體應該要有何種香氣
一邊聽著自己空洞的木屐響聲
我試聞自己身體的味道
發現留在我身上的
只有她的馨香
噫呼　這就是我青春之香

（林瑞波譯）

愛的朝聖

愛的朝聖信徒何其多
自古以來
到處都有
愛的朝聖信徒
連綿不斷
當發現自己也在其中
我巍巍震顫
唉
要在所戴的草笠上作何標記
去參與這行列呢
（林瑞波譯）

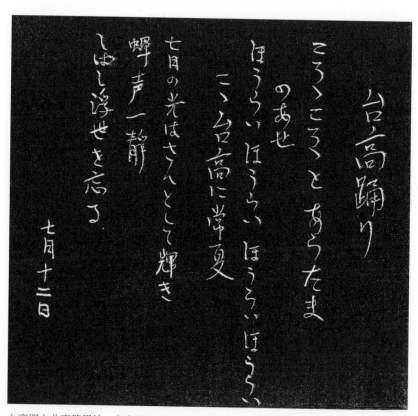

台高即台北高等學校。台高即台北高校。1938年7月12日，王育霖參加辯論部南下巡迴演講寫下了這首詩。

台高舞

一滴一滴直流的汗
蓬萊　蓬萊　蓬萊　蓬萊
這裡是常夏的台高
七月陽光燦爛光照
蟬聲一靜
煩惱且停

（林瑞波譯）

高雄も終ひにすんだ
その晩我々はプログラムの紙をやいて
踊った。
そしてないた。
゛ら゛と思ふ意気を頂ふ
青春の日はくれやすく
一度去って帰らぬを
あゝ君立ちて舞はあるや

今 別れては
何時か見ん
幾年 春は
めぐるとも
かんらんの花
咲くもとに
再び語る
事やある゛

十五日

〈今日一別何時見〉原文寫於 1938 年 7 月 15 日。

今日一別何時見

終於完成最後一站高雄的演出
當晚我們燒了程序單起來跳舞
但也哭了
啊　意氣純真的青春日子何其短
一去不復返
能不起來跳舞嗎
今日一別何時見
春天會再來
我們能再共語橄欖樹下嗎
（林瑞波譯）

編按：1938年7月15日，王育霖參加辯論部南下巡迴演講，在最後一站高雄，寫下這首
離別之詩。

二二八／王克雄

蔣軍登陸南北殺
菁英數萬熱血灑
慘訓莫忘民主夢
蓬島不再二二八

彼款國旗／王克雄

青天白日見黨旗
滿地紅血佣害死
為咱子孫就志氣
打拼建國出頭天

悼王育霖檢察官／鹿耳門漁夫

育德兄哥　叫育霖
帝大卒業　法學深
新竹檢察　官上任
保護台灣　最盡心
得罪陳儀　豬狗官
二二八入　烏名單
未經正式　受審判
半暝開槍　亂使彈
至今大體　未得看
毋知被殺　啥因單
犧牲寶貴　的生命
無法無天　阿山子
想著育霖　心肝疼
國民黨壓　霸有影
台獨思想　正時行
台灣建國　要拍拚

編按：本詩摘自〈王育德詩傳〉，發表於2014年王育德紀念講座。

詩集

法律評論

何謂法治國？

王銘石

法治！這是我們台灣省民，祈天禱地所焦望的制度，也是全中國四萬萬五千萬的人民所盼望的東西。當制憲的國民大會開幕的此時，我們來談談法治，想亦不無意義。

法治的嚴正意義到底是什麼呢？法治制度有二個不能欠的「基柱」。第一，就是治權的完全分立。第二，就是絕對的守法精神。若是司法權以「客觀的理性的法」來治理國家，不是以喜怒愛憎，利害關係而行政治，能匡正行政不衰榮的感情，得以為虎敷翼的打算，能保障的逸脫。但是衍的。若是人民不能參加立法，何能保障的五權或三權的分立制度，若是有法令全由正式手續面成國！以建法治的台灣模範...

在歷史上雖然有多少的變遷，但法治是現在任何文明國都採用為正權的分立制度，若是有一最好的制度。那麼，權力的人沒有守法精神，憲法，法律，命令，範省！

法律和法律所委任的命政組織和運用一切要依賣，司法應下官有過失。上官應須拒絕。若是官，不可上官責法職。維持國家道理和社會治安。能進到這民正當權利。才配此做法治國。

法官應依法辦理，不受一面，重要立法皆要人民參加，在行政方面，行政沒有一人一色，也沒有一批來一批去的現象。上下有序，不可上官，若是官下官應有。

有高低的秩序，低當不於法治國，在立法方能改變或違反高名公面...

我們應盡其力量，促進慈政實施，喚想守法精神。以建法的中華民進...

何謂法治國？

王育霖以筆名王銘石發表本文於 1946 年 11 月 23 日的《民報》。
（編按）

　　法治！這是我們台灣省民，祈天禱地所焦望的制度。也是全中
國四萬萬五千萬的人民所盼望的東西。當制憲的國民大會開幕中的
此時，我們來談談法治，想亦不無意義。

　　法治的「法」的意義，在歷史上雖然有多少的變遷，但法治是
現在任何文明國，都採用為唯一且最好的制度。那麼，法治的嚴正
意義到底是什麼呢？法治制度有二個不能欠缺的「支柱」。第一，
就是治權的完全分立。第二，就是絕對的守法精神。若是司法權沒
有獨立，何能匡正行政權的脫序。若是人民不能參加立法，何能保
障自己的正當權利。但是雖然有完備的五權或三權的分立制度，若
是有權力的人沒有守法精神，也是沒有辦法了。

　　於法治國，在立法方面，重要立法皆要人民參加，在行政方面，
行政組織須依照法律所委任的命令執行，在司法方面，法官應依法
辦理，不受干涉，也不可阿諛權勢。總而言之，法治就是以「客觀、
理性的法律」來治理國家，不是以喜怒哀樂的感情，利害關係的打

算，得以馬虎敷衍的。

　　舉例來說，在法治國法令全由正式手續而成，憲法、法律、命令，有高低的秩序，低者不能改變或違反高者。公務員雖有調動，但辦法不變，沒有一人一色，也沒有一批來依一批法的現象。上下有序，不可上官批准，下官拒絕。若是下官有過失，上官應負責。司法應獨立，堅持護法聖職。維持國家道理和社會治安，保障人民正當權利。能進到這個地步。才配叫做法治國。

　　我們應盡其力量，促進憲政實施，喚起守法精神。以建法的中華民國！以建法治的台灣模範省。

法律是打不死的

王育霖以筆名王銘石發表本文於 1946 年 11 月 27 日的《民報》。
（編按）

　　1946 年 11 月 11 日下午，在台灣省台中縣員林所發生的，台中縣
警察集體行動，傷害執行任務的法警，並違抗檢察官的釋放命令一
案。他省如何，我們不知道，唯在台灣是嚴重無以復加。不但是台
灣未曾有的事，世界上凡是法治國家總不該會發生的。

　　關於這案件，關係各方面，現時尚在嚴查中，所以我們要暫時
保留批評。但是法窗內不得沒有多少的感觸。原來督察是「掌理內
外勤務，員警風紀，稽查彈壓，警衛戒備之指揮督察事項」（台灣
省各縣警察機關組織規程第六條第五款）的重要高級警官。其人事
應該要十分慎重。現在台灣雖然治安不大好，我們不能想，一群土
匪下午四時左右，公然堂堂襲擊警察大人的警察局。老實說警察局
誤會原因有難解的地方。

　　關於只為逮捕——現職的員警，法官要動員多數法警及看守一
事，我們要想起一件事：就是前次有檢察官為往新竹市政府搜查，
帶了幾名武裝憲兵前往，惹出意外事情好像是一樣的。如此行動的

法律是打不死的

王銘石

中華民國卅五年十一月十一日下午，在台灣所發生的，台中縣員林A所發生的台中縣警察集團行兇，傷害執行任務的法官，員警風起，稽查彈壓事事項（台灣省各縣警察警衛戒備之指揮督察是）所以我們要暫時保留在台灣的批評。但是法窓內不得不沒有多少的寸感，原來是「掌握內外勤務的」員警風起，稽查彈壓，唯在台機關組織規程第六條第五款）的重要高級警察是非常的悲壯。我們哀你可以打死，心情你可以打死麼？一不不知道。他省如何，我們不大好。現在台灣雖然治安放命令一案，並遠抗檢察官的釋放命令一案。他省如何事，心同情他，感謝其大無錯！一個檢察官可以打的灣是嚴重無以復加，不但是台灣未曾有的事，世界上凡是法治國總不重。現在台灣雖然治安不大好，我們不能想如此行勤的法官，看這同警察死可是法律不能打死。一個王檢察官可以打，可是法律不能打死，法治精神終不能違抗的。

關於還案件，關係各方面，現時尚在嚴查中，公無堂堂襲擊警察大，以為刑事訴訟法第二...

高等法院檢察局一個法醫和看守的命法律不能打死，法治精...處特派毛檢察和看守的命法律不能打死，法治精...局違抗，高等法院檢察官一個法醫可以達抗，可是法律不能打死。其人專應該要十分慎...長的精神。

人的警察局，老實說警察局誤會原內有嫌犯的廢除了。不然，這些條文中登不是明明白白地規定著司法警察一般應受檢察官的指揮命令嗎？關於只為逮捕一現職的員警，法官要勤員多數法官看守一事，我們...地方。

我寫到這裡，忽想起一件事，就是前些日作故人的，故張檢察已...要想起一件事，就是前次有檢察官為往新竹前去搜查，帶了幾名武官憲兵前往，意即意外的王檢察官的鐵道警察詢：一個王檢察官可以打，可是法律不能打。百零九條第二百十條是...

法官，心情是非常的悲壯。我們衷心同情他，感謝其大無畏的精神。看這回警察局違抗，高等法院檢察處特派毛檢察官，要求釋放被拘法警和看守的命令一節，使人不勝懷疑，以為刑事訴訟法第二百零九條、第二百十條是廢除了。不然，這些條文中豈不是明明白白地規定著，警察一般應受檢察官的指揮命令嗎？

我寫到這裡，忽想起已作故人的張檢察官光祺，他對於拿槍要打王檢察官的鐵路警察說的話：「一個王檢察官你可以打死，可是法律你可以打死麼？」不錯！一個檢察官可以打死，可是法律不能打死。一個法警可以打死，法官命令可以違抗，可是法律不能打死，法治精神終不能違抗的。

報紙負責人的法律責任

王育霖以筆名王銘石發表本文於 1946 年 12 月 3 日的《民報》。（編按）

人民導報社前社長王添灯氏，惹起筆禍尚未解決，聽說其他報社也有被告訴在案的。照這樣除所謂「御用」報紙以外，報紙的負責人個個都要覺悟有被告被處罰的一日了。

原來，報紙是一個短期間、定期、繼續地報導事實和批評事實的經濟機構。它是言論的機構和經濟的機構的結合，所以我們應該要認識報紙這二重性格。報紙的經濟團體方面的負責人就是社長，若對報社有債，我們可向社長請求，但他對該報的言論，沒有負責。而報紙的言論團體方面的負責人，就是發行人或者編輯人。雖然報社的組織，各社不同，而法律的地位是一樣的。

照這樣觀點看起來，要報社社長王添灯去負該報言論責任的判決，法理上有所可疑。

言論自由的限界，姑且勿論，假使報紙的報導和批評，過激、不穩當、或者毀損別人名譽的時候，到底用什麼處罰，可謂合理？

報紙負責人的法律責任

王　銘　石

人民導報社前社長出的負責人就是社長，若當，或者毀損別人名譽添灯氏，惹起筆禍尚未對報社有責，我們可向解決，聽說以外報社也社長訴求，但他對該有被告訴在案的。照這報罰，可謂合理？關於樣除所謂「御用」報紙以的言論，沒有負責。而這點，從法理上有下外報紙的負責人，個個報紙的言論團體方面的都要覺悟有被告被處罰負責人，就是發行人或的一日了。

者編輯人。雖然報社的的見解。

元來，報紙是一個最組織，各社不同。而法第二，報紙揭善顯惡律的地位是一樣。紙的責任，廣義地說共以改善社會缺陷的公短期間定期發縵的，報照這樣觀點看起來，的機關。若自己有惡道事實，和批評事實的事責任，行為省自己負報紙的言論的刑事責任命報社社長王添灯，負責為原則，但法律因種被報紙暴露出，經濟的機構，它是言種的理由，有時特別規自己有它論的機構和經濟的該報言論責任的判決，化的趨向。於此，被報紙暴露出

樣責任的一種了。所以這

編輯人的責任，就是這對這樣責任的處罰，世界各國立法例（罰金、罰鍰）為原則，多以金刑（罰金、罰鍰）為原則，世界不可輕輕地科以體刑（徒刑等）。出版法的規定的精神，也是一樣。

，報紙的經濟團體方面道和批評，過激，不隱任，報紙的發行人或者論的結合。所以我們應該且勿論，假使報紙的報犯法，自己不能免其責的性質，以涵養正義有要認識報紙這二重性格言論自由的限界，姑若和自己有特別關係者法理上有所可疑。所以法院應理解報紙有定，雖自己沒有犯法益的言論。

關於這點，從法理上有下列見解：

第一，報紙的發行人或者編輯人的責任，廣義地說，可謂「為他人的所為，受該刑事責任」。刑事責任以行為者自己負責為原則，但法律因種種的理由，有時特別規定，雖自己沒有犯法，若和自己有特別關係者犯法，自己不能免其責任，報紙的發行人或者編輯人的責任，就是這樣責任的一種了。所以對這樣人的處罰，世界各國立法例，多以金刑（罰金、罰鍰）為原則，不可輕易地科以體刑（徒刑等）。出版法的規定精神，也是一樣。

第二，報紙是揭善顯惡，以改善社會缺陷的公共機關。若自己有惡劣之處，被報紙暴露出來，亦須忍受。於此，報紙言論的刑事責任，世界判例已漸漸有輕化的趨向。

所以法院應理解報紙的性質，以培養正義及有益的言論。

提審法解說

> 守法！遵法！是法治的基礎！
> 而法治是建設新中國的第一步！

　　這本《提審法解說》，是受台北市人民自由保障委員會的委託而寫的。

　　不消說，凡法律的解說，總要學術的。可是，如提審法的解說，一方面，要平易適於實用，不然，恐一般的人們不能理解，也就不能利用了。所以盡我的微力，企圖對提審法能夠學術和實用雙兼的綜合解說。

　　關於提審法的文獻，四方搜尋，總找不出來。不得已，只依靠法律的理論，和自己做過了檢察官的經驗出來的。但是，淺學菲才，筆不能如意，恐不值讀者各位一哂，千祈多多指教。如有錯誤之處，不吝指教，聞喜則從，立加修改。

　　如這寥寥數頁一小冊，能供各關係機關和一般人民做些參考，對於人民身體自由的保障，有多少貢獻，則是無上的光榮與欣快了。

　　　　　　中華民國36年1月1日，寫於台北市大正街寄廬

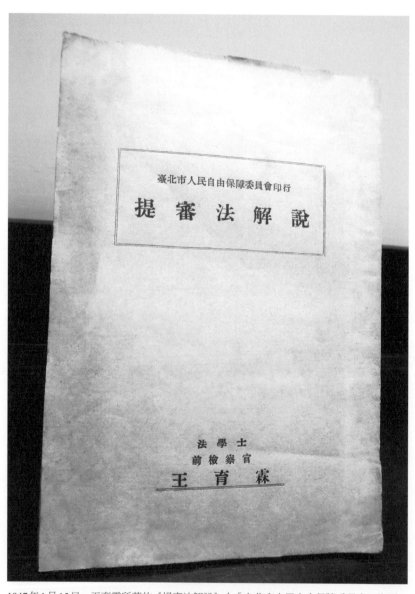

臺北市人民自由保障委員會印行

提 審 法 解 說

法 學 士
前 檢 察 官
王 育 霖

1947年1月15日，王育霖所著的《提審法解說》由「台北市人民自由保障委員會」出刊，同本有中文與日文。僅存一本，由李應鐙（前西螺鎮長）收藏。

第一章　提審法的意義

第一節　提審法概說

提審法就是人民被法院以外的任何機關，非法逮捕拘禁的時候，向法院聲請司法權的發動，命令該機關，將被逮捕拘禁的人，解送到案審問的法律。它是為保障人民的「非依法律不得逮捕拘禁審問處罰」的權利，即身體的自由權，所制定的。雖然只有十一條的條文而已，但其意義很大。

提審法，於民國二十四年六月二十一日，既經由國民政府公布。可是，因戰爭等關係，延至於十一年後的民國三十五年三月十五日，以國民政府命令始得施行。（參照同法第十一條）

像這樣，公布後經過了十數年，才施行的法律，老實說，是很罕有的。又施行以後，如行政院訓令所言明，一部分執行逮捕拘禁的機關，有「陽奉陰違」的風氣。因此足以想見此法律是碰到了很多的遭難。它出生的時候，嚐了很多的辛苦，到現在，還不得自由發揮力量。這正是表現著我們中華民國的建設法治國的路程，面前尚橫著許多困難。

可是，我們無論如何，總要遵守　國父的遺教，建設法治的新中國。

第二節　提審法和憲法

不消說，凡法律，都是由國家基本法—憲法—制定的。提審法也是一樣。但是，提審法是憲法所明定、所要求的法律，所以提審法可以叫憲法的法律。所以提審法可以叫憲法的法律。

中華民國訓政時期約法（現行國家基本法）第八條：

人民非依法律不得逮捕拘禁審問處罰。

人民因犯罪嫌疑被逮捕拘禁者，其執行逮捕拘禁之機關，至遲應於二十四小時內，移送審判機關審問。本人或他人亦得依法請求於二十四小時內提審。

五五憲法草案第九條：

人民有身體之自由，非依法律不得逮捕，拘禁審問，或處罰。

人民因犯罪嫌疑被逮捕拘禁者，其執行機關應即將逮捕拘禁原因告知本人及其親屬，並至遲於二十四小時內移送於該管法院審問。本人或他人亦得聲請該管法院於二十四小時內，向執行機關提審。

法院對於前項聲請，不得拒絕，執行機關對於法院之提審亦不得拒絕。

最近公布中華民國憲法第八條：

人民身體之自由應予保障，除現行犯之逮捕的法律另有規定外，非經司法或警察機關依法定程序，不得逮捕、拘禁，非由法院不得審問、處罰，非依法定程序之，拘禁、審問、處罰，得拒絕之。

人民因犯罪嫌疑逮捕拘禁時，其逮捕拘禁機關應將以逮捕拘禁原因以書面告知本人及其本人指定之親友，並至遲於二十四小時內移送該管法院審問，本人或他人亦得聲請該管法院於二十四小時內向逮捕拘禁之機關提審。

法院對於前項聲請不得拒絕，並得先令逮捕拘禁之機關查覆，逮捕拘禁之機關對於法院之提審不得拒絕或遲延。

人民遭受任何機關非法逮捕拘禁時，其本人或他人得向法院聲請追究，法院不得拒絕，並應於二十四小時開始追究依法處理。

提審法，就是關於上開提審手續的法律。

凡身體自由，是人民各種自由中的最基本的自由。假使身體沒有自由，他種的自由，有什麼意思呢？所以各國的憲法，關於身體自由，都有設條文保障。但是，現在許多外國，對於身體自由保障，既經十分徹底普遍，變成一個當然，已無須再提起的問題了。只是我們中華民國，對於這問題，還沒有解決。過去和現在的情形，使一般人民感覺著，還要再三再四呼喊要求，極力主張身體自由的保障。

因此保障人民身體自由的規定：中華民國訓政時期約法第八條、五五憲法草案第八條、最近公布中華民國憲法第八條，一段一段漸漸更加精細。提審法重要性，也更深認識，將由理論進入實際了。

第三節　提審法和刑事訴訟法

提審法，也是一種的刑事手續法。那麼它和刑事訴訟法，有什麼關係呢？

提審法，只規定人民被法院以外的任何機關，非法逮捕拘禁的時候，受人民的聲請，法院命令該機關，將被逮捕拘禁的人，移送到法院，受推事審問，若推事認要釋放，就釋放，認有犯罪嫌疑，就交檢察官辦理的手續而已。交檢察官以後的手續，則從刑事訴訟法進行。檢察官可以羈押，或者交保，和普通刑事案件一樣。不消說，檢察官可以依刑事訴訟法第二百零八條乃至第二百十條，指揮命令一般司法警察繼續偵查。假使被命提審的機關，是警察機關，也不可鬧意氣而反抗。

換句話說，提審法，是刑事訴訟法前段的法律，為保障人民身體自由，監視刑事訴訟法以前的，馬馬虎虎非法治之刑事手續，而

命令其結束，將被逮捕拘禁人民送到法院，使他受刑事訴訟法的正式審判手續的法律。

第二章　提審法的手續

第一節　提審法適用的時機

提法審適用的時機，就是什麼時候人民可以向法院聲請提審的問題。

「人民被法院以外之任何機關非法逮捕拘禁時」，人民可以向法院聲請提審（提審法第一條），但是這句條文的解說，不是容易。

一、人民，就是一般的人，不論中國人或者外國人。但是軍人不在此限。

二、法院以外之任何機關，就是除窄義的法院和檢察處以外的所有一切的機關。即不論警察關係機關（如警察大隊、各市縣警察、鐵路警察等是）、軍事機關（如憲兵隊、空軍、陸軍、海軍等是），或者所謂特種機關、特權機關，都包含在內。

三、逮捕拘禁，就是拘提監禁的意思。不消說，提審法的注重處在於拘禁。只逮捕，或者雖有逮捕拘禁事實若既釋放了自由，其罪，是另外問題，不是適用提審法的時機。

四、非法，這二個字可謂提審法中，最難解而且最重要的文字。非法，就是違反法律的意思。無法律上的權限，而逮捕拘禁人民的意思。雖然，習慣上以前有逮捕拘禁的權力，也不能叫做合法，應看做非法逮捕拘禁。

現行法院以外的機關，法律上得逮捕拘禁人民，只限下列事項：
甲、現行犯

現行犯不問什麼人，得馬上逮捕（刑事訴訟法第八十八條第一項），但要立刻送交檢察官、司法警察官、或司法警察（同法第九十二條）。

乙、執行拘票時

司法警察官或司法警察，受檢察官或推事的指揮命令，執行拘票時，得逮捕人民。但要送到所指定的場所（同法第七十八條等）。

丙、執行通緝書時

司法警察官，執行，但要送到所指定的場所。

丁、偵查犯罪時

司法警察官或司法警察，認有犯罪嫌疑，得調查，但要將犯罪嫌疑者，二十四小時內，移送該管的檢察官（事實上逮捕拘禁）（刑事訴訟法第二百零八條乃至第二百十條）。過二十四小時就變了非法拘禁。

戊、行政執行法

行政官署（事實上是警察局、分局或區警察所），有下列情形時候，得管束（逮捕拘禁）人民。

一、瘋狂或酗酒泥醉非管束不能救護其生命身體之危險及預防他人生命身體之危險者。

二、意圖自殺非管束不能救護其生命者。

三、暴行或鬥毆非管束不能救護其生命者。

四、其他認為必須救護或有害公安之虞非管束不能救護或不能預防危害者。

但是，管束不得超過二十四小時（行政執行法第七條）。管束不得超過二十四小時，可是，能不能繼續呢？實際上解釋得繼續，而事實常常繼續管束到數十天。但是，雖然在行政官署管束中，若

提審票到，行政官署應不得拒絕。因為此法律，向來常常被行政官署亂用，而亂用職權的管束也是一種非法逮捕拘禁。所以法院的提審權及之。對於行政執行法的處分，人民還得依「訴願法」或「行政訴訟法」，聲請救濟。

己、違警罰法

警察局或分局或區警察所，對於違警人，有罰鍰、罰役、申誡、拘留的權限。拘留是四小時以上七日以下，但是加重時，得至十四日。雖然依違警罰法處拘留中，若提審票來，不得拒絕移交被拘禁的人。理由和前段一樣。因為此法常常被亂用，而亂用職權的逮捕拘禁，是非法的逮捕拘禁。但是，法院審問了後，認為警察機關的拘留有理由時，應將人犯還押警察機關。假使法院認為應釋放的時候，能不能釋放呢？由提審法的立法精神，並違警罰原來是一種的刑罰，應受司法機關的裁判，這二點著想，是不得不承認法院有釋放的權限。但是，這樣的解釋看起來好像和「違警罰法第四十六條」有一點兒矛盾。該條文規定如下：

「違警罰法第四十六條

不服警察官署關於違警事件之裁決者，得於接到裁判書後翌日起五日內，向其上級官署提起訴願，前項訴願未經決定前，原裁決應停止執行。」

我想這個不過是規定提審法以外的救濟方法而已。這個救濟方法和提審法的救濟方法是並行的。假使有一個人民依違警罰法受拘留處分中，那拘留的裁決不當不正，顯然侵害人民身體自由，也不能聲請提審，只得向受處分警察官署的自己上級官署訴願，那麼，人民身體自由的保障不能完全，而提審法的意義要減少一半了。

庚、其他單行法

法院以外的機關，得逮捕拘禁人民的單行法，現在大部分既經廢除了。

要之，非法逮捕拘禁有三種：第一、就是逮捕拘禁的機關，原來完全沒有法律上得逮捕拘禁人民的權限，而越權逮捕拘禁人民，第二、就是逮捕拘禁的機關，起初有法律上逮捕拘禁人民的權限，而逮捕拘禁人民，然因時間過久，變做沒有權限的拘禁，第三、就是逮捕拘禁的機關，有法律上逮捕拘禁的權限，但是亂用其權限，逮捕拘禁人民的不當拘禁。

總之，人民若感覺受非法逮捕拘禁時，可無須遲疑，聲請提審。

第二節　聲請提審權者

得聲請提審的人，有一定的限制，不得非法逮捕拘禁，什麼人都得聲請提審。得聲請提審的人，叫做聲請提審權者。

人民被法院以外的任何機關，非法逮捕拘禁的時候，「本人或其親屬」得向法院聲請提審（提審法第一條）。所以，朋友等是不得聲請提審。

本人有聲請提審權，這是應當的事情，沒有問題。問題是在，得聲請提審的「親屬」的範圍。民法親屬編有定義親屬，但是沒有規定法律上親屬的一定範圍。法律上親屬的範圍，依個個立法理由和必要性，有時定寬，有時定窄。例如，負扶養義務的親屬的範圍、得做親屬會議會員的親屬的範圍、一般刑事案件有告訴權的親屬的範圍、和特殊刑事案件有告訴權的親屬的範圍，都不一樣的。

親屬替本人聲請提審，即被害者以外的人，替被害者提起告訴的一種，其性質和替自由被別人妨害的人提起告訴一樣。刑事訴訟法第二百十二條，是關於一般刑事案件被害者以外的告訴權者的規

定。所以我們關於提審法的親屬的範圍，應適用刑事訴訟法第二百十二條。該條文的規定如下：

「刑事訴訟法第二百十二條

被害人之法定代理人或配偶得獨立告訴。被害人已死亡者，得由其配偶、直系血親、三親等內之旁系血親、二親等內之姻親，或家長家屬告訴，但不得與被害人明示之意思相反。」

法定代理人常常是親屬，但有時不是親屬，故不能在內。所以我們可說，得聲請提審的親屬的範圍如下：

一、配偶

二、直系血親

三、三親等內的旁系血親

四、二親等內的姻親

五、家長

六、家屬（一家除家長以外，都是家屬）

第三節　聲請提審的手續

「人民被法院以外之任何機關非法逮捕拘禁時本人或其親屬得聲請提審。」那麼，聲請提審的實際上的手續怎麼樣呢？

一、聲請提審，應向逮捕拘禁地的地方法院，或者那個法院所隸屬的高等法院（提審法第一條）。在台灣，則向各地方法院或分院，或者台灣高等法院，聲請提審。

二、聲請提審得委任代理人為之（同法第一條）。這樣代理人，只表示聲請提審權者所決定聲請提審的意思而已。不必要律師為限。律師以外的人，也得做代理人。可是提審後，受刑事訴訟法辦理的時候，律師以外的人，除審判長許可者以外，不得代理訴訟行為。

三、聲請提審要用書狀，即要用聲請提審狀（同法第三條）。

不論民事訴訟，或者刑事訴訟，要對法院表示意思的時候，除法律准用口頭以外，一律應用司法狀紙（司法狀紙規則第一條）。而司法狀紙，只由法院製造發售，而發售地方只法院內而已。刑事狀紙，一張十一圓二角（印花包含在內，民國三十六年一月一日）。關於司法狀紙的制度，省垣法曹界有相當有力的異議，但是姑且勿論。我們衷心希望法院，雖然聲請提審狀，非寫在司法狀紙，也准受理（後來則命補正就好了）。因為恐怕緊急焦眉的時候，絕對沒有工夫，跑到法院裡頭，買一張司法狀紙，而後請別人代寫，自己蓋章，再跑到法院裡頭的收發處，提出這張聲請提審狀了。

四、聲請提審，應記載下列事項（提審法第三條）

甲、聲請人的姓名、性別、年齡、籍貫（本籍）和住所或居所。聲請人是親屬的時候，並應記載被逮捕拘禁人的姓名、性別、籍貫和親屬關係。

乙、非法逮捕拘禁的事實。就是，什麼時、在什麼地方、為什麼事情或經過、被什麼人非法逮捕拘禁，而至今還沒有釋放的事實。有沒有非法，法院應認定。以外的事實，要一一詳細從實寫出來。若經釋放，就不得聲請提審。

丙、執行逮捕拘禁的機關和其所在地，或公務人員的姓名。關於這些，要十分詳細寫出。若不知道公務人員的姓名，只寫足資辨別的特徵，如面貌或身體的特徵，就好了。

丁、受聲請的法院

戊、聲請的年月日

第四節　法院的權限和義務

法院對於提審聲請，絕對不得拒絕（參照五五憲法草案第九條第三項，和憲法第八條第二項）。法院接受提審聲請，應取獨立的立場，公平辦理。雖然非法執行逮捕拘禁的機關有很多的人員有很大的權勢，法院也不得拒絕提審聲請。簡單說，接受提審的聲請，是法院的權限，而也是法院的義務。

法院接受提審聲請的時候，有三種的辦法。

第一：法院接受提審的聲請，認為完全沒有理由的時候，應於二十四小時內，裁定駁回。但是，法院絕不可因為畏懼執行機關的人數、武力、權勢，駁回提審的聲請。

聲請人若不服駁回的裁定，得於該裁定送達後五日內，向上級法院抗告。但是，對於高等法院的裁定，不得抗告。

第二：法院接受提審的聲請，認定裁決如何以前，有向執行機關照會必要的時候，得摘錄聲請的要旨，通知執行機關，限期見覆。期限須依法院參酌的各種的事情裁定，但是不可長期。

若期限內接受覆文，事情明白，認為提審的聲請顯無理由的時候，法院應於二十四小時內裁定駁回。其抗告的手續，如前段一樣。但是，執行機關的覆文恐怕有時和事實大有出入不實，這是一種的公文書偽造（刑法第二百十三條）。學術上謂無形偽造。可惜其例很多，所以法院應十分慎重辦理。

雖然期限內有接受覆文，但認為提審的聲請有理由，法院應發提審票。

如期限既過，而未接受覆文的時候，法院應即時發提審票，不可遷延。

第三：法院接受提審的聲請，認為有理由的時候，不必要照會，

應立刻發提審票。如對於法律上完全沒有逮捕拘禁權限的機關聲請提審時，申請的理由不必要照會，自然充分。

　　法院發提審票後，要即時通知逮捕拘禁機關的直接上級機關。使執行機關的直接上級機關，曉得它的下級機關的做法，以預防法院和執行機關的衝突。上級機關，對此通知，不得反對。

第五節　提審票

　　提審票，應記下列事項（提審法第七條）

一、執行逮捕拘禁的機關和其所在地

二、被逮捕拘禁人的姓名、性別、籍貫

三、發提審票的法院

四、應解交的法院

五、發提審票的年、月、日

提審票，不必要寫逮捕拘禁的理由，只要寫應提審的主旨而已。

提審票，要副本送達聲請人。

提審票，有必要時，得以電報代用之。

第六節　執行機關的義務和罰則

　　提審法，對於執行逮捕拘禁人民的機關，有課以二個義務。第一、就是示知的義務（提審法第二條第一項）。第二、就是解送的義務（同法第八條第二項）。而勵行這些義務起見，對這些義務違反，科以刑罰（同法第十條）。

　　不消說，不論公務員非公務員，違背法律擅自逮捕拘禁人是犯罪，應受刑法的處罰。執行機關的公務員若擅自逮捕拘禁，而且違背本法義務，應受雙方面的處罰。

一、示知義務：

人民被逮捕拘禁的時候，其執行機關，不論自信依法或非法，應即時將逮捕拘禁的原因，以書面示知本人和其最近的親屬，至遲不得過二十四小時。對於這義務的違背有罰則。

本人或其親屬也得向執行機關請求要為上開的示知。親屬的範圍和第一條的親屬的範圍一樣。

二、解送義務：

執行逮捕拘禁的機關，接到提審票的時候，不論自己相信有法律上的權限沒有，不得反抗，應於二十四小時內將被逮捕拘禁的人解送法院。

如在接到提審票前，已經將被逮捕拘禁的人，移送了其他機關的時候，該機關應即時，將該提審票負責轉送受移送的機關，使受移送的機關於二十四小時內，得解送被逮捕拘禁的人到法院。

如法院自己欲移送提審票時，該執行機關應立刻將該票交出法院。

執行逮捕拘禁的機關，在接到提審票前，已經將被逮捕拘禁的人釋放的時候，要將釋放的事由和時日即時報告法院。

關於第一和第二的義務違背的處罰如下：

執行逮捕拘禁機關的公務員違背第二條第一項或第八條第一項的時候，應受二年以下的有期徒刑、拘役或一千元以下的罰金。

第七節　提審

被逮捕拘禁的人依上開程序到法院的時候，法院的推事應即時訊問之（刑事訴訟法第九十三條）。法院，（1）若認不應該逮捕拘禁的時候，應即時釋放，（2）若認逮捕拘禁有理由，而司法機關不

可執行的時候，應將逮捕拘禁的人，還押到前執行機關，（3）若認為有犯罪嫌疑的時候，應移付檢察官辦。檢察官則依刑事訴訟法辦理。

第三章　提審法的勵行

第一節　關於提審法的勵行若干問題

關於提審法的意義和手續，前二章已經說過了。但是，還有若干問題正待研究：

第一　若逮捕拘禁人民的機關，實在明明白白有拘禁人民在機關內，而畏罪或輕視法律，向法院陳述不實，徹底地否認的時候，要怎麼辦呢？法院武力不夠，必不會強制移交。若十分諒解法律尊嚴，就沒有這樣事情。恐怕有一部分的執行機關，做出這樣。不消說，法院發提審票後，應即時通知逮捕拘禁機關的直接上級機關。可是，那上級機關不積極地援助法院的時候，有什麼辦法呢？在這樣時候，法院應向該非法逮捕拘禁人民的機關的負責人要求，本機關絕對沒有逮捕拘禁的文書，以做後日的憑據。明確責任，使後日能依本法第十條處罰。

第二　人民被某機關逮捕拘禁，但是本人不能聲請提審，而親屬不知道被什麼機關逮捕拘禁的時候該如何？不知道逮捕拘禁的機關，原來應該絕對沒有這樣的事。但是，現在事實上不是沒有的事情。這樣事情，非提審法所預見的，不得聲請提審。如拘票（逮捕狀）有通緝書，提審票也有「通提審票」而得登載報紙的制度，就好了。但是，這不過是我的一個立法意見而已。

第二節　司法官的責任加重

提審法勵行起來，法院的推事、檢察處的檢察官的責任和事務必加重數倍。老實說，現在的法院檢察處的狀況是辦不到的。第一應提高司法官的法律素養和獨立的風氣。第二應增加優秀的司法人員。現在各地監獄和看守所收容人犯的情形，如報紙屢次所報，已經達到了所謂「飽和」以上的程度，收容了定員的數倍。殆無收容更多人犯的能力。假使今後執行機關，勵行二十四小時內，解送人犯到法院檢察處的時候，法院裡的未能結的案件，或司法官要再直接偵查案件，和收押中的被告的數額，勢必增加。以現在的司法人員和辦法，是絕對辦不到。恐怕偵察審判，不是變了馬虎粗陋，就是越發遷延，以致未決要數個月。如果有這樣事情起來，則提審法的意義，大半消滅了。這個絕不是杞憂。我們衷心希望，法院檢察處感其責任的重大，對這個問題慎重考慮設法。

第三節　結論

總而言之，雖然有很完美的法律制度，有很好的保障人民身體自由的法律，若有勢有力的人或機關不肯守法，實在是絕對沒有辦法了。不能守的法律，與其存在，不如廢除。施行不能守的法律，卻破壞法律的尊嚴，卻損壞國家的面子。

提審法能不能發揮其機能，不是在於人民利用提審法次數的多少，而是在於實際上能得逮捕拘禁人民的機關有沒有守法的精神！

書信集

王育霖給王育德的信
（1944年3月底）

育德君

追白

戰火の響を余処に我々司法官試補の任官試驗が延々一个月續いて3月28日にやっと終わった。

4月末頃任官の予定である。

當方は三人とも元気。

碧達も元気。

育德君：

追曰，

暫時不理戰火的響聲，我們的司法官試補考試斷斷續續經過一個月，終於在3月28日完成了。

預定在4月底任官。

我們這裡三個人都健康平安。

碧他們也是。

王育霖給王育德的信
（1945年4月2日）

　　女中風情ととやかくいはれるのは君の心よしところではない。私は遠くで君の右往左往し、動揺している姿を想像する。噫乎、君は結局帰台しない方がよかったのであろう。六月赴任帰台し、君と膝を交え、君を「厳重監督指導」できると喜んでいたのに、時局はそれを許さなくなった。君は兄を棄て、姉を棄て、一体どうするつもりであるか。どうか便りを直ちに送って来るように。そして、一部始終を打ち上げて呉給へ。

　　戦局の推移は予想外というか、按定というか、非常な激烈的速度である。育彬は既に山砲兵として入営したとか、故郷の様々想像を絶するであろう。内地も同様の変貌である。神戸の海岸通の炎叔の家も、空襲の為、すつかりなくなった。多くの物資と共に、併し人員は皆無事であった。戦火がすべてを情くする。再会の日を―万一の僥倖を―期しつつ、今日は筆をおく。

四月二日

育霖

君子不喜歡被人家批評，與身分不恰當的女孩往來。我在遠處可以想像你舉棋不定、心生動搖的模樣。哎呀，你最後還是覺得不要回台灣比較好，我如此猜想。我本來期待你六月回台灣赴任，可以和你促膝談心，對你進行「嚴格的指導監督」，但是時勢並不允許。你拋棄了哥哥，也拋棄了姊姊，你究竟有何打算呢？能否請你立刻寫信過來，還有，從頭到尾把事情說清楚。

戰爭局勢的變化，該說是出乎意料，還是該說不出所料，總之以非常猛烈的速度進行著。育彬（六弟）也已經進入兵營接受山砲兵的訓練，故鄉的種種變化應是超乎想像程度吧。日本也同樣是面目全非，炎叔位於神戶海岸通的家也遭受到空襲，連同許多物資一起付之一炬。所幸，大家都安然無恙。戰火無情，摧毀了一切。期待再相會的日子，萬一僥倖活下來的話。今天就先在這裡擱筆。

育霖

1945 年 4 月 2 日

（1945 年 4 月 2 日）

西川滿給王育霖的信（18日）

先ずはお返事まで

西川　滿

十八日晝

王育霖　様

硯北

目下一寸忙しいですが、二十日すぎればが多少暇になると思います。お暇の折にはお遊びおいで下さい。電話書内でも社（五八〇一御轉）の方にかけていただけば、夜在宅して居ります。大正町二條通り、橋を渡ってすぐ右角。

首先，謹在此回覆信件如下

西川　滿

十八日 白晝

王育霖　先生

台鑒

目前暫時非常忙碌，但是過了二十日之後，應該會比較有空閒。你有空的時候，請過來坐坐。如要打電話的話請撥打（五八〇一轉），我晚上都在家。大正町二條通，過橋之後就在右側轉角那邊。

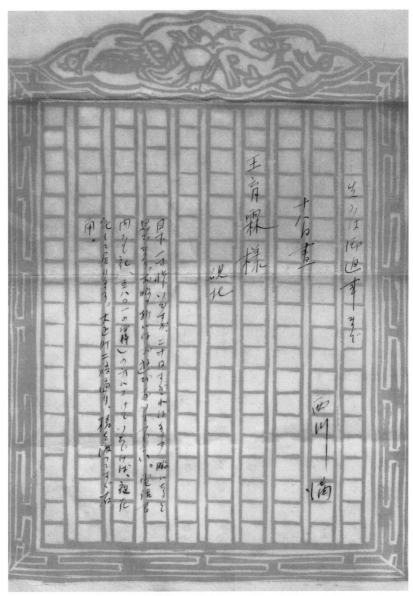

台灣的日本名作家西川滿給王育霖的信，日期不詳。

西川滿給王育霖的信（18日）

王育霖給葛超智的信
（1946年9月18日）

Dear Mr. Kerr Sir,

I was much obliged to you for your entertainment last 7th.

My assertion for the independence of jurisdiction, an antiquated term in modern countries, and positive prosecution of unjust and misbehaving officials were opposed by higher officials in power, though applauded heartily by Formosan, and at last I was compelled to retire. But I do not regret for I have done my duty.

The only way which rescues Formosa from social catastrophic ruin and builds stable living for Formosan, is, I convince, early enforcement of constitution and regeneration of Formosan. And whether it will be successful and fruitful or not, depends on American assistance. We believe that you will help us. I have read the editorial of the Formosan Magazine Sep. 1946 "Viewing Taiwan after Retrocession" with much interest and entire sympathy.

On last 9th I called on Mr. Sai at UNRRA. I was welcome by him and we had a talk about everything half an hour. He is also a Tainanite. I have qualification of lawyer, but by law I can not practice one year after the retirement. Now on every account I sincerely want such profession as is convenient to study English and America. As investigation and inspection, I am an expert. May I trouble you to introduce me a profession？ I know you are very busy, so I have hesitated many times. But I really think such profession is the best for my future and for the coming constitutional days of Formosa.

Before I get back to Tainan, I want to see you and to speak something. What time would be most convenient for you？ What P.M. 7 next Tuesday 24th would be？ May I expect your reply!

Very truly yours,
Y. L. Wang

George Kerr added a note on the top part of the letter:

This is from the "Prosecutor Wang" (Wang Yun-lin) who was forced to retire from legal profession for one year because of his efforts to prosecute case of gross misuse of relief goods in Hsinchu. In March 1947 he was seized and killed, first having sent his wife and babies to the American Consulate (to Kerr) for protection.

王育霖給葛超智的信

敬愛的葛先生：

我非常感謝您在9月7日的招待。

我主張司法要獨立，這在現代的國家是早就已經有的事情，以及對犯法的人與為非作歹的官員要積極起訴，但被掌權的層峰所反對，可是台灣人卻非常稱讚我，最後我被迫辭職。可是我不後悔，因為我盡了我的責任。

要避免台灣社會遭受毀滅性的破壞及建立台灣人的安定生活，我認為，一定要提早實施憲政及台灣人要革新。是否能夠成功及很有果效，要靠美國人的幫助。我們相信您們會幫助我們。我讀了1946年9月的台灣人雜誌（*Formosan Magazine*）的社論〈看光復後的台灣〉，值得注意及深有同感。

9月9日我去拜訪在聯合國救濟總署（UNRRA）的蔡先生（Sai），他也是台南人。他很歡迎我，我們談很多事情有半小時之久。我有資格當律師，但依照法律我必須在停職一年以後才可執業。經過各方面思考，我懇切希望有一個工作方便於學習英文及瞭解美國。調查及檢驗是我的專長。不知可否麻煩您幫我找一個工作？我知道您非常忙碌，所以我遲疑很久才寫這封信。我相信這樣的工作會帶給我好的將來及當台灣實施憲政時有所幫助。

在我回台南之前，我想要來見您，也要討論一些事情。不知什麼時間對您比較方便？下星期二24日下午七時可以嗎？請您回信給我。

王育霖　敬上

葛超智在信的上方加註：

　　此信來自「王檢察官」（王育霖）。他為了起訴新竹一件救濟物資亂用的案子，被迫一年內不得擔任法律職位。1947 年 3 月他被逮捕，並被處死，他馬上送他的太太和兩個嬰孩到美國領事館（去見葛氏），要求保護。

王育霖給葛超智的信
（1947年3月13日）

Dear Mr. Kerr,

Yesterday many thanks! And today's your good consideration; I must say many many thanks.

When I heard you would leave Taiwan near future for Nanchin and on some occasion would not back to Taiwan, I feel very lonely.

I am sorry I must bid farewell to my good friend, my teacher, my advisor and a great understander and supporter of Formosans.

But I must be glad your promotion and advancement.

Good-bye! May have a good journey!

And please help us at any time and at anywhere!

Yours very truly,

Wang-i-ling

P.S.

I will present you a full set of Japanese Hineningyo （雛人形）, which

I promised you the other day.

It consists of many Japanese ancient style dolls and their furniture.

They are used at March 3 the Japanese girl's festival. I think it will contribute something for your study about ancient orient arts.

But they are in a large wooden case and heavy. It is difficult to bring it to your house in this consideration.

I hope you come to my house with your jeep by your way.

If needed, I will help your packing. Please without the least reserve.

敬愛的葛先生：

非常謝謝昨天的招待。對於您今天的關心，我必須一謝再謝。

當我聽到您即將離開台灣去南京，有可能不再回來台灣，我覺得非常孤單。

我感覺捨不得，因為我必須跟這位我的好朋友、我的老師、我的顧問及一位台灣人的同情者與支持者道別。

不過，我也為您的升官及發達而高興。

再見！願您一路順風。

還有，請隨時隨地都幫助我們。

王育霖　敬上

附筆：

我那一天提到要送您一整套的日本雛人形玩偶。

裡面有很多日本古代的玩偶和小傢俱。

王育霖給葛超智的信

這些是在3月3日的日本女孩節時擺放的。對您的古代東方藝術研究，會有些幫助。

　　然而這些裝在一個很大的木箱，而且很重。因為這樣，很困難搬來您家。

　　開吉普車回家途中，來我家載。

　　如有需要，我可以幫您打包。請絕對不要客氣。

編按：原文沒註明年份，但有人以紅筆在信的右上角錯加「1946」。從文章內容來看，應該是「1947」，在王育霖被捕的前一天所寫。

邱永漢給王育霖夫人的道歉信
（1996年11月21日）

　　本日、楊基銓夫人がお見えになって、小生が四十二年前に執筆した「検察官」についてお話しがありました。「検察官」は当時、陳儀の政府にさんざんな目にあわされた台湾人の実情を、正義漢であった王育霖さんをモデルに書いたものですが、小説の構成上書いたことが、奥さんを傷つけるとは予想もしていませんでした。もとより架空の出来事なので、どうぞお気になさいませんように。失礼の段があったことについてはお詫び致します。

邱永漢
1996、11、21

　　　　王育霖夫人へ

今天楊基銓夫人來訪，談到我在四十二年前寫的一本小說《檢察官》。這本書是以正義漢王育霖先生為例子，描述當年被陳儀政府欺壓得體無完膚的台灣人的實情。沒有預想到，因為小說的構成上，寫的事情有傷到王夫人的地方。本來這是一個虛構的小說，請夫人不必介意。失禮之處，深感抱歉。

邱永漢
1996 年 11 月 21 日
致　王育霖夫人

本日、柏甚鈴夫人がお兄えになって、小生が
四十二年前に執筆した「稅務官」について
お話がありました。「稅務官」は当時、陳
儀の政府にさんざんな目にあわされた台湾
人の実情を、正義漢であった王育霖さん
をモデルに書いたものですが、小說の構成上、
書いたことが、奥さん方に腹っけするとは二、
松もところいませんでした。もとより架空の

1996年11月21日，邱永漢寫信向王育霖夫人道歉，這本小說是描寫王育霖，他卻強辯是
「虛構的小說」。

邱永漢給王育霖夫人的道歉信

古来事ふのぐ、どうぞお筆になさいません
ように。失礼の段があったことについては
お詫び致します。

王育霖さんへ

卯ふ滝て

一九六・二一・二一

口述歷史

陳仙槎婚前就讀東京洋裁學院，昭和15年（1940）。

王陳仙槎女士口述歷史

　　本文轉載自《台北南港二二八》，吳三連台灣史料基金會出版，發行人是吳樹民醫師，總編輯是張炎憲教授。（編按）

受訪者：陳仙槎（王育霖妻）、王克雄（長子）、陳幼而（大舅）
訪問者：張炎憲、黎中光、胡慧玲
記錄：胡慧玲
時間：1994年3月1日
地點：台北市圓山飯店

　　1947年3月14日下午兩、三點左右，那天王育霖正準備出門，轉過頭，怎麼整個屋子都站滿了陌生人。他嚇了一跳，臉色都變了。大約六個人正在走進我家，說：「王育霖是哪一個人？」我直覺的說：「沒有啦，這裡沒有王育霖。」結果他們一把捉住我先生，翻開他的衣襟，裡頭端端正正繡著「王育霖」三個字。他們看到名字，就說：「很好，你跟我走。」

　　我沒穿鞋，一急，光著腳趕上前去，要攔他們。我說：「我先生沒做什麼壞事，你們為什麼要叫他去？」

才趕上去沒兩步，他們咻的一聲，掏出一把槍，緊緊扣住我的喉嚨，用北京話說：「妳再多說，我就槍斃妳。」

官田陳家

我是陳仙槎，王育霖的妻子，台南縣官田鄉人，1922年出世，今年七十三歲。我母親劉彩蘋，是柳營劉明電的堂姊，和林宗義教授的岳母是堂姊妹，所以我和林太太李美貞是表姊妹。林宗義的父親就是台大文學院長林茂生教授，在二二八遇害。我母親從柳營嫁到官田陳家，我則從官田嫁到台南王家。

我們家親戚很多人是二二八的受難家屬，陳炘的太太謝綺蘭，和劉明電的太太是同父異母的姊妹。慘案後，劉明電曾寫信去南京給蔣介石，罵他說：「你把我一些親戚都叫去殺了。」

陳家是官田望族，我祖父陳人英係滿清秀才，父親陳自東，國語學校畢業後，曾赴日留學。母親生三男一女，我是獨生女。我們幼年喪父，父親過世時，幼弟才二歲。母親屬舊式家庭女子，纏小腳，不識字，但觀念開明，深信現代教育的重要性，堅持讓子女受良好的教育。我們四兄妹自幼相互扶持照顧，感情很好。我從台南第二高女畢業後，就到日本讀書，讀洋裁學院，兄弟也都到日本留學。基本上，我們算是富裕而單純的家庭，一直到二二八慘案以後，遭逢巨變，再加上後來的三七五減租和經濟統制，土地被徵收，幾乎變得雙手空空，沒有土地，也無法做事業。

台南王家

　　王家世居台南，王育霖的父親王汝禎，家境清苦，人卻長得高大，幼時做苦力，肩重物，一次可以扛起兩倍重的貨物，勤儉耐勞，鄉人稱他「王仔強」。王汝禎在台南商界發跡之後，生意做得很大，對社會公益頗有貢獻，曾捐地捐資重建法華寺─現為三級古蹟，和佑民街的王家祠堂，都有匾額、石碑留存和記載。日治時代，王家的「金義興商行」經營味素專賣，又做海產批發，像是鮑魚、干貝等等，生意做得很大，賺了不少錢。王育霖的祖母因此被日本天皇賞了個獎，那個獎牌至今還在。

　　四十幾歲時，王汝禎在府城最熱鬧的「本町」，即現在的台南市民權路上，建造王家新厝，房子蓋得很漂亮，像廟宇一般堂皇。厚實的大門，圍著高牆，門內有廣場，廣場內有公廳，然後才是兩層樓的四合院。

　　當年，王育霖和我雖然都在東京念書，彼此卻不認識，回台灣相親才結婚的。1942年時結婚，那年我二十一歲，王育霖二十四歲。

　　王家是一個複雜的大家庭，複雜的程度，好比國民黨的內鬥。婚後沒多久，王家的種種事情，王育霖都告訴我了。王汝禎娶了三個妻子，元配沒有子嗣，王育霖的母親是二房太太，生他和王育德，以及兩個姊姊錦香和錦碧。後來王汝禎又收了家裡一個丫頭當姨太太。姨太太長得美，十六歲就被老爺收為妾，很嬌，不識字，嘴巴很壞，罵人很難聽，說罵就罵，我們都不能回嘴，否則她伸手就打。

　　王育霖常常告訴我，他十六歲沒了母親，自小如何在大家庭裡被欺負、凌虐。他再三告訴我：「人不能向命運屈服，一定要努力，克服困難。」所以當年他沒了母親，身體又差，憑著努力，也能夠

考上台北高等學校、東京帝國大學，甚至當上日本的檢察官。

　　到現在我還記得他當初說要「克服命運」時的倔強表情。我一直很憐惜他，二二八慘案後，我決意獨立替他養大兩個兒子，不讓他童年的悲慘遭遇在兒子身上重演。事隔四十幾年，經歷那麼多磨難，我終究認為，人的命運是無法克服的。到了某一溝坎，你必得跌倒，再努力，還是會跌倒，死日到時，再奮鬥，必然會死的。這個中國社會，真的使我們無法留戀。

　　王育霖對我講過他家的內鬥。他說，王家當年有錢，祖母做壽時，請戲班來家裡演戲，連演一個月，有一次看戲，半場中，王育霖去上廁所，姨太太所生的王育森占了他的椅子，王育霖回來一看，說：「這是我的位置。」王育森說：「為什麼要還你，我占了，就是我的。」

　　如此一件小事而已，姨太太去向父親打小報告，不知如何「搬話」，總之王育霖的母親被父親打了一頓。事後母子兩人相擁而哭，王育霖跪著向母親陪不是，說：「以後不敢了。」以後他事事忍讓，不問是非曲直，他不要讓母親再挨打。

　　王育霖念公學校時，王育森念日本人的小學校。王育霖功課很好，年年拿第一名，姨太太去向父親講閒話，說公學校第一名的，也比不上小學校最後一名。王育霖自小在學校得到很多讚美，在家裡卻得不到父親的鼓勵。所以他立志要念全台灣最好的學校，為母親爭氣。聽說台北有一所高等學校的尋常科是全台灣最好的，王育霖認真念書，果然考上尋常科，離開台南，到台北念書。

　　那年台南有三人考上尋常科，除了王育霖之外，其中一人是洪文治，後來當台大教授。另外就是胡鑫麟，小提琴家胡乃元的父親，曾任台大醫院眼科主任，白色恐怖時代被捉，關在火燒島十年。

大約是二年級時吧，王育霖回台南時，王育森照樣欺負他。那次王育霖終於受不了，脫下日本的大木屐，滿屋子追著王育森打。後來他告訴我說，他決心打死他，索性坐牢，乾乾淨淨，不再受折磨。結果那次發威以後，王育森反而再也不敢欺負他了。

台北高等學校 1940 年第一名畢業後，王育霖考上東京帝國大學法律系，直到帝大畢業後，王育霖才在家裡有地位，回到台南家裡，連姨太太都巴結他。

戰爭期間，東京的家孩子吵鬧，為了準備司法官的高等考試，我帶他去舅舅劉明電在東京的家住了兩個月。他考試成績很好，所以穗積重遠男爵介紹他去日本第二大法院「京都地方裁決所」當檢察官。男爵告訴他以前的學生辻先生，時任京都法院人事室主任，說：「台灣人有這麼優秀的人，你要用他。」於是聘我先生去京都地方法院當檢察官。

王育霖是台灣第一個當日本檢察官的人。

王育霖檢察官

王育霖還在東京帝大念書時，就考上司法官高等考試，畢業後立刻到京都地方法院就任檢察官。我們的長子王克雄是在京都清水寺附近出世，那條街家家戶戶燒瓷為業，我們住在清水寺下來的第三家。去年我曾舊地重遊，當時京都市花京區聖護院川原町 53 番地的舊址，屋主已經去世，現在是兒子當家。戰後我們離去時，寄放了一大堆東西，如今不知去向，也沒時間和他兒子話說當年種種，就算了。

我曾問王育霖，為什麼要考檢察官？他說：「救台灣人離開艱

難的處境，是我當檢察官的目標，也是我一生的理想。」

王育霖人很正直，很有正義感，對人有憐憫心。在京都法院當檢察官時，他晚上在家還加班寫公文，我做完家務，在一旁像讀小說那樣讀他的起訴書，他也常常告訴我外面發生的事情。當時檢察官，權力很大，簡單的案子可以直接判刑。

一次，他哀聲嘆氣說起一個判例。他說，有一個老人坐牢出來，窮得沒飯吃，趁天黑去偷採葱。戰爭期間，日頭落山後，就算是戒嚴，罪加一等，求處五年徒刑。老人跪著求王育霖說，我已經六十幾歲了，你判我那麼重，我可能也沒機會重見天日了。王育霖忍不住說：「你為什麼不早點去做賊？六點以前去做賊，罪不會這麼重。」

王育霖回來告訴我這件事，他說：「心肝真難過。」他說，偷採六斤四的葱，判五年，太重了，他實在起訴不下去。要做賊，為什麼不在六點以前。又是六次累犯，才出獄而已，五年已是最輕的徒刑，不能再輕了。

他很照顧在日本的台灣人。有一個年輕人，名叫許太陽，在台灣受了訓，本要調去南洋當軍醫，他父親在神戶經商，他趁機逃到日本，逃兵罪很重，他逃到我家來，因為檢察官的房子，警察不敢擅闖。那時我還不知情，只覺得奇怪，樓上那麼多房間，這個人怎麼常往樓下鑽，和我們睡一起，又常在我家吃三餐，後來我偷聽到王育霖教他逃亡朝鮮的路線，才曉得原來是逃兵。結果，他還沒逃亡出海，戰爭就終了，撿到一條命。

在京都時，每逢正月，我們都請台灣留學生到家裡來聚餐。那時學生的配給很少，吃不飽，有人就這裡那裡都報個名字，領三份口糧，比較夠吃。日本警察也捉得嚴，萬一捉到了，關進牢裡，不准接見。學生常來找王育霖幫忙，關照一下，才能送東西進去監獄。

戰後，日本政府不再配給糧食給台灣人，其實倉庫有多少存貨，王育霖都知道，他想辦法教人藉日本天皇來京都向祖先報告終戰消息前夕，提出陳情，政府才配給大家每人一條毯子和一套軍服。

今年二月，二二八家屬到總統府見李登輝先生時，李總統提起當年在日本很受王育霖照顧。他說我先生是秀才，在新竹時，盡力辦案，成績很好，也因此喪失生命。今年3月6日，李登輝總統到台南我家拜訪，也對我說：「妳先生王育霖的事，我了解，他因嚴辦貪汙而受害。」他說，回台灣以後，延平學院成立，我先生在延平當教授，那時他還在台大讀書，也在延平當助教。

戰爭終了

1945年8月，戰爭終了，王育霖一心一意想趕回台灣。他被推選為京都的台灣同鄉會會長，也負責安排台灣人回台灣的船隻，並帶團回台灣。

那時有一個留學生，名叫阿深，基隆人，十八歲，為了錢的問題，失手打死一個日本老婆婆，可能被判死刑，王育霖也為他奔走。那個日本老婆婆開了一家舊書店，一天傍晚，阿深向她借錢，沒借成，他可能是動念想搶劫，老婆婆喊救命，他一急，拿東西敲她，結果把老婆婆敲死了。學生嚇壞了，心慌意亂，把屍體挪開掩蓋。如此一來，法律上形同滅屍，當時是戒嚴時期，滅屍的罪刑很重，他可能被判死刑。

王育霖知道這件事，就前去拜託檢察官，說：你送我這個人情，再過一星期我就要回台灣了，就算以前我對你們的情，你們這次還給我，救救這個學生。他不是惡性犯罪，只是想解決吃飯問題。你

王育霖與陳仙槎訂婚禮，昭和16年（1941）8月。

歸寧，昭和17年（1942）王育霖與陳仙槎。

王陳仙槎女士口述歷史

上：王育霖與陳仙槎，昭和17年（1942）9月9日到北投度蜜月。
下：王育霖與陳仙槎遊奈良，昭和19年（1944）。

王育霖夫婦帶長子克雄和陳仙槎之三弟陳淡而（中立者），在1944年冬遊京都清水寺。

王陳仙槎女士口述歷史

王育霖台北高等學校文科一年級的日記本（1937-1938）

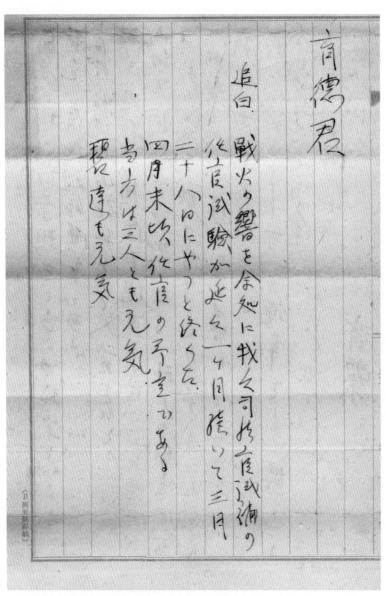

育德君

追白、戰火の響を余処に我々司持上度試練の
後度試験が延々一ケ月續いて三月
二十八日にやっと終った。
四月末頃、次信の予定である
當方は三人とも元氣
君達も元氣

（B列五號原紙）

王育霖給王育德的信 1944 年 3 月底，可參考「書信集」的中文翻譯。

王陳仙槎女士口述歷史

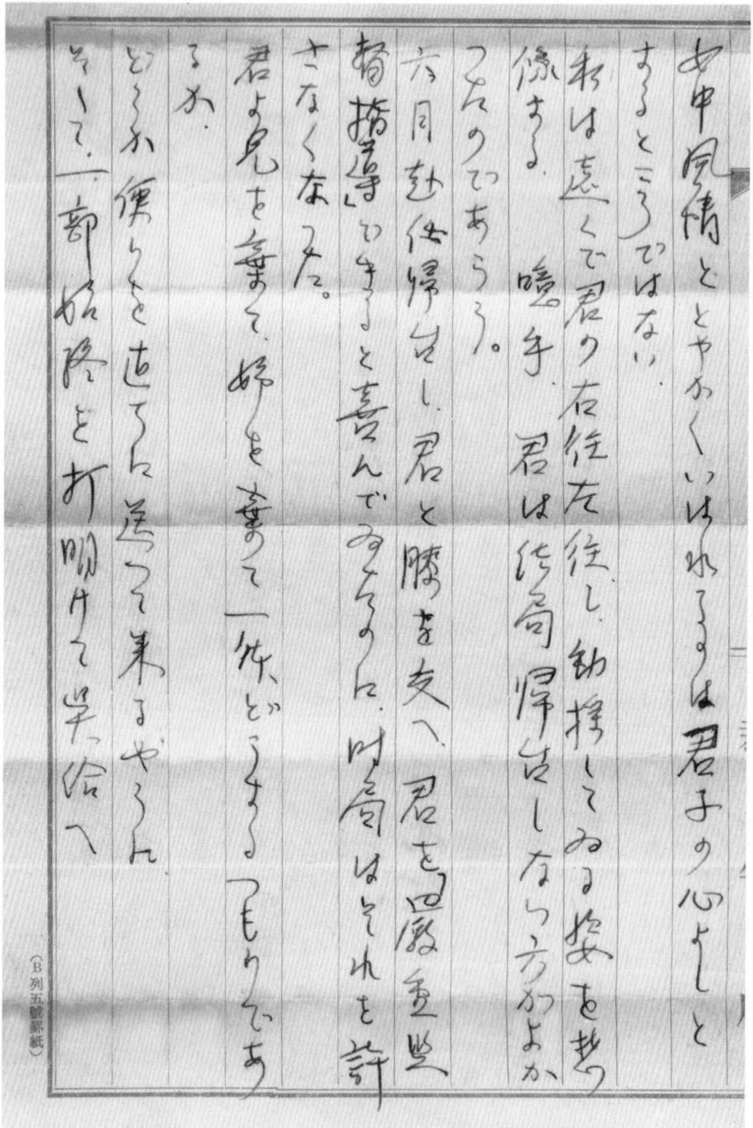
女中風情とやかくいはれるは君子の心よしと
するところではない。
私は遠くで君の右往左往し、動揺してゐる姿を想
像する。噫、君は結局帰台しない方がよか
ったのであらう。
六月赴任帰台し、君と膝を交へ、君を[illegible]監
督指導できると喜んでゐたのに、時局はそれを許
さなくなった。
君よ兄を棄て、姉を棄て一体どうするつもりであ
るか。
どうか便りを直ぐに送って来るやうに
そして、一部始終を打明けて呉れ給へ
(B列五號罫紙)

王育霖給王育德的信 1945年4月2日，可參考「書信集」的中文翻譯。

戦局の推移は予想か と言ふか推定といふか、

非常な熾烈的進度である。

青彬は欧に山砲兵として入営したとか。

故郷の種々想像を絶するであらう。

内地も同様の変貌である。神戸の海岸通の

芝叔の家も襲う方すつかりなくなつた。多く

の物資と共に。倚し人員は皆無事であつた。

戦火がすべてを焼くする。

再会の日を――方(へ)の倖幸を――期しつつ

今日は筆をおく。

四月二日

青霖

Sep. 18. 1946   (1)

GK-001-0001-094

Dear Mr. Kerr Sir

I was much obliged to you for your entertainment last 7th.

My assertion for the independence of jurisdiction, an antiquated terms in modern countries, and positive prosecution of unjust and misbehaving officials were opposed by higher officials in power, though applauded heartily by Formosan, and at last I was compelled to retire. But I do not regret, for I have done my duty.

The only way which rescue Formosa from social catastrofic ruin and build stable living for Formosan, is, I convince, early enforcement of constitution and regeneration of Formosan. And whether it will be successful and fruitful or not, depends on American assistance. We believe that you will help us. I have read the editorial of the Formosan Magazine Sep. 1946 "Viewing Taiwan after Retrocession" with much interrest and entire sympathy.

On last 9th I called on Mr. Sai at Unra. I was welcome by him

王育霖寫給葛超智的英文信1946年9月18日，可參考「書信集」的中文翻譯。

232

and we had a talk about everything half an hour. He is also a Tainanite. I have qualification of lawer, but by law I can not practise one year after the ritirement. Now on every account I sincerely want such profession as is convenient to study English and America. As investigation and inspection, I am a expert. May I trouble you to introduce me a profession? I know you are very busy, so I have hesitated manytimes. But I really think such profession is the best for my future and for the coming constitutional days of Formosa.

Before I get back to Tainan, I want to see you and to speak something. What time would be most convenient for you? What P.M. ? next Tuesday 24th would be? May I expect your reply!

Very truly yours

Y. L. Wang

王陳仙槎女士口述歷史

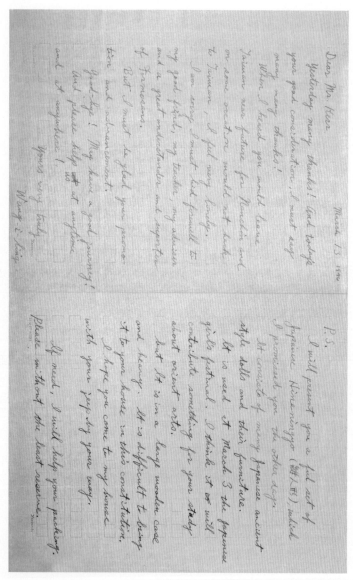

Dear Mr. Hsia

March 13 1946

Yesterday many thanks! And today
your good consideration. I must say
many many thanks!

When I heard you would leave
Taiwan, a new future for Formosa and
on some occasion would not work.

Taiwan, I feel very lonely.

I am sorry, I must be friendly to
my good friend, my teacher, my adviser
and a great individualistic and superior
of Formosans.

But I must to glad your promise—
tion and advancement.

good-bye! May have a good journey!
And please help and at anytime
and at anywhere!

Yours very truly
Wang i Ling.

P.S.

I will present you a foul set of
Japanese Hina-ningyo (雛人形), which
I promised you the other day.

It consists of many Japanese ancient
style dolls and their furniture.

It is used at March 3 the Japanese
girl's festival. I think it will
contribute something for your study
about orient arts.

but It is in a large wooden case
and heavy. It is difficult to bring
it to your house in this constitution.
I hope you come to my house
with your reply by your way.

If need, I will help your packing.
Please, without the least mourn.

王育霖寫給葛超智的英文信，在被害的前一天1947年3月13日。原信沒有
年份，被人寫上1946，可參考「書信集」的中文翻譯。

234

日本雛人形玩偶。1947年3月13日王育霖寫英文信給葛超智，要送他一整箱的雛人形玩偶做為離別贈禮。

上：李登輝前總統於1994年3月6日南下拜訪王育霖夫人，由左王克雄、王夫人、李總統、王克紹兒子凱立、克紹及妻子秀英。

下：1998年228紀念日，五位司法界受難者家屬共捐228萬元成立「二二八司法公義金」，頒獎給對台灣司法公義有貢獻的個人或團體。前排左起為林連宗女兒林信貞夫婦、吳鴻麒夫人楊㷍治、李瑞漢夫人李邱己妹、王育霖夫人王陳仙槎、仙槎之二嫂陳黃桂雲。後排左一為李瑞漢之子李榮昌、左三為李勝雄律師、左五起為李瑞漢之女李月美、李瑞峯之子李榮達、吳鴻祺之子吳和光、張炎憲教授、仙槎之大兄陳幼而。

上：2004年，王育霖夫人與王克雄在美國參加國會議員的餐會。
下：2007年9月，王育霖夫人與王克雄夫婦遊拱橋國家公園、美國總統石像、黃石國家公園等，在總統石像前拍照。

上：2007年二二八的六十週年紀念，陳水扁前總統在「國家二二八紀念館」開幕典禮上，頒贈紀念品給王育霖夫人。

下：2003年8月2日，陳水扁前總統頒給王育霖回復名譽證書。

饒他死罪，判他無期徒刑，好讓他能見他父母一面。當時日本皇太子尚未娶親，將來結婚生子，有可能特赦天下，或許他還能見他父母一面。阿深來日本讀書那麼多年，又值戰亂，和家人斷了音信一那時我們也都和家人斷了音信，完全不知父母生死一讓他有機會見他父母一面吧。

為了回台灣，我們都很忙。在日本住了那麼久，難免有許多人事要處理，尤其家具雜物。王育霖忙著幫阿深四處請託，我告訴他說：「爸爸一我都是跟著孩子喊他『爸爸』一戰火才熄，家家戶戶都缺民生用品，東西值錢，我們在日本住久了，椅子桌子多的是，隨便賣一樣，以後日子很好過。等我們東西賣完，再回台灣，好不好？」他竟然答我說：「既然妳那麼愛錢，妳留下來，賣到妳滿足再走，孩子我先帶回台灣。」

我怎能這樣做。我說：「爸爸，那你要我怎麼辦？」他說：「我沒辦法幫妳忙，阿深的事還要去幫忙，家裡的東西乾脆都送人吧。」

東西要送人，果然很快。我叫左鄰右舍來，要桌子的拿桌子，要椅子的拿椅子，才半天，整個屋子就快空了。我說：「不行不行，還得留兩樣給別人做紀念。」大家都說，這個我做紀念，那個給我當紀念，真的就沒了。只有書不能動，書是王育霖的寶貝。他把書整理後，寄放在房東處。如今房東過世了，我也要不回那些書。

我們是京都台灣人第一批回台灣的。我們一家三口，回台灣時，除了隨身衣物外，什麼東西都沒帶。

回到台灣

1946年正月，我們到廣島的吳軍港搭驅逐艦回台灣。王育霖是僑領，是返鄉團的領隊。我暈船暈得很厲害，又忙著給克雄餵奶洗尿布，搞不清楚同船的還有誰。

坐火車到台南火車站時，王家的人還不知道我們已經平安回到故鄉。一返抵家門，見到父親，王育霖拉著我，我抱著小孩，三人噗通一聲，雙膝下跪，向父親請安，他說：「兒子不孝，戰爭期間，不能在父親身邊盡孝，請父親赦免。」

我後來說他是「第二十五孝」。在家裡休息三個月，王育霖到台北參加檢察官訓練，沒多久，調去新竹當檢察官。他照以往在日本的行事風格辦事，很公正清廉，大約7、8月，辦到新竹「船頭行事件」和市長郭紹宗「粉蟲案」，就辦不下去了。

戰後，台灣物價飛騰，一日三市。官商勾結，米糖大量流往中國大陸，米糖之鄉的台灣竟然鬧到米糖缺貨。官吏公然貪汙，百姓生活困苦。為了追查走私，王育霖到新竹港口的船頭行捉走私，把涉案七、八個人全都關起來。有人送好多錢來我家，拜託王育霖通融，手下留情。結果王育霖對他們大吼，說：「把錢拿回去，否則我統統扔出去。」

我看那人狼狽離去，心想，這人真可憐。我告訴王育霖說，你不收，要還人家，也好好的講，別這樣吼。王育霖很生氣的說，那些人是託他的小學同學柯賢來的，所以才見他，根本不知道是上門來行賄的。

回台灣後，王育霖常表示對中國政府很失望，很不滿，他想以一己之力來改革。

至於郭紹宗的「粉蟲案」事件，據我所知是這樣的。郭紹宗是陸軍少將，兼新竹市長，他是民政處長周一鶚的親信，被檢舉貪汙美援奶粉。本來這個案子不是分給我先生辦的，但是新竹首席檢察官卻堅持要王育霖辦。「粉蟲案」是轟動全台的大案件，當事人還找人傳話威脅我先生說：「你若膽敢辦下去，一定會後悔。」

　　王育霖出去辦案時，郭紹宗派人步步跟蹤，調郭紹宗來問案，郭紹宗不肯來。王育霖只好和法警拿著文件去新竹市政府，要找市長調查做筆錄。郭紹宗反而調警察局警察來，說王育霖包圍市政府。混亂中，還趁機搶走王育霖的公文卷宗。

　　我還記得那天王育霖回家時很生氣。他說：「我是被警察包圍，竟然說我包圍他們。我又不是不懂法律，怎會包圍他們。」

　　王育霖說，事態嚴重，搜查令和文件都被搶走，形同失職，必須辭職，才是負責，才能解決。

　　先前他已經對中國式的司法很失望，他說：「太不公平，沒有正義可言。」為此他非常擔心憂愁。郭紹宗事件後，他更覺悟中國的檢察官做不得了。基本上他就是一個很「土直」的人，在日本當檢察官，做得很順心，因為一切照法條來，就可以了。回到台灣，照法條來，卻困難重重，政治干預很多，有很多人來告訴你，做這個，不做那個。我常聽他說要司法改革，他想要替貧窮的人、受枉曲的講話、出力氣。

　　郭紹宗事件後，他辭去檢察官的職務，搬到台北。建國中學校長陳文彬找他去建中教書，他又去延平學院當教授，並兼做林茂生先生的《民報》的法律顧問，抽空還寫了一本法學專書《提審法解說》，申請律師執照。律師執照尚未下來，他就遇害了。

　　王育霖辭去檢察官後，我帶著兒子克雄回官田娘家待產和坐月

子，王育德準備結婚，於是我先生來回南北兩地。也就是說，從1946年正月回到台灣，到1947年3月14日被捕，十三個月當中，扣除在新竹當檢察官的八個月，二二八慘案前，王育霖真正待在台北的時間並不長。

王育霖有空手道一段的身手，他童年喪母，立志認真念書，勤練身體，要克服命運，念念不忘為台灣人做事。他說：「我們當檢察官的，也要鍛鍊身體，判流氓的罪判重了，萬一他來尋仇，我們也有能力保護自己。」他不知道別人有槍，空手道練再高段，都沒有用。

二二八慘案

搬到台北後，我們借住在七條通朋友家，隔幾戶就是王白淵家，比較常來往，一起講話。

二二八慘案發生前，王育霖在台北停留的時日很短，應該沒有時間參加什麼活動，做什麼事情。二二八慘案發生後，他曾寫信到台南給王育德，說他沒有參加活動，請放心，並請他轉告官田我的家人。信中提到，2月27日那天晚上，他正好和陳逸松、王井泉等人在山水亭吃飯聚會，聽到外面亂嘈嘈的，出去一看，事情好像鬧得很大，他很擔心。

後來他也曾告訴我說，這樣打打鬧鬧，不是辦法。

王育德收信後，又把信轉寄去官田給我家人，他不知道其實我早已回台北了。等到戒嚴解除後，官田娘家再託人寄給我，當我收到那封輾轉寄來的家信時，王育霖已經被捉走了。

1946年12月17日，次子克紹出世，1947年1月17日在台南做彌

月，1月15日，在台南參加王育德的婚禮和高雄楊金虎先生娶媳婦的喜宴後，我們回到台北。不曉得因為太過忙碌或怎樣，王育霖常常胃疼。二二八慘案前後，他在家裡躺了一個星期，都沒有出門，只和陳逸松去了一次山水亭。回來後，病情更嚴重，更加沒出門。我從官田回台北後，帶著兩個小孩，他更沒出門了。戒嚴時期，沒法子買藥，王育霖常在家裡躺著。等身體好些，正想出門，那天就被捉了。

被捉那天

3月14日下午二、三點左右，那天王育霖正準備出門，才踏出門外，又探頭進來說：「錢包沒在身上，是妳拿了我的錢包嗎？」我說：「是啊，我昨天沒零錢，拿你的錢包去買菜。」

話還沒說完，轉過頭，怎麼整個屋子都站滿了陌生人。他嚇了一跳，臉色都變了，可能知道什麼事情發生了。大約六個人走進我家，說：「王育霖是哪一個人？」我直覺的說：「沒有啦，這裡沒有王育霖。」結果他們好厲害，一把捉住我先生，翻開他的衣襟，裡頭端端正正繡著「王育霖」三個字。他們看到名字，就說：「很好，你跟我走。」

那時我小兒子克紹才三個月，因為正想搬家，我們所有的東西整理成兩大行李箱，堆在一起，最好的東西都裝進去了，放不進去的還有日本帶回的檢察官制服和銀行存摺，大衣和風衣。他們連人和東西都一起要強行帶走，行李箱塞得滿滿的，別的東西塞不進去了，他們還是要帶。結果一個人跳上去踩，硬把東西塞進去，其他兩人勉強把行李箱綁起來，所有的物件都要帶走。

兩大箱行李硬塞好，他們離去時，非常無理，不肯自己扛行李箱，竟然叫王育霖扛。我先生是文人身，又生病中，那麼重的行李，根本拿不動，再加害怕，一路扛得顛顛簸簸的。

　　我在家裡，沒穿鞋，一急，光著腳趕上前去，要攔他們。我說：「我先生沒做什麼壞事，你們為什麼要叫他去？」

　　才趕上去沒兩步，他們咻的一聲，掏出一把槍，緊緊扣住我的喉嚨，用北京話說：「妳再多說，我就槍斃妳。」

　　我還要跟出去，他凶狠狠的說：「不准動，就站在這裡，把門關上。」北京話我不會說，但略略聽得懂。然後他們就離去了，事後我想，他們可能已經在門外監視守候很久了。

　　事隔多年，曾有日本人要送王育德衣服。他說：「衣服繡上名字，送我都不要。千萬不要繡名字，我哥哥為了這三個字，送掉一條命。」

亂世尋夫

　　王育霖被捉走後，大約過了一個星期，有一個男子來家裡找我，拿了一張紙條，字條邊還印有「憲兵第四團」的字樣。字條上是王育霖的筆跡，說他有生命危險，叫我趕快去找劉啟光和林頂立。我伸手要把那張字條收起來，那人說：「這張紙條不能拿走。」一把搶走，撕掉了。他說，妳別拿這紙條，他怕再被捉去。原來那人是流氓份子，被捉進去牢裡，問了口供，暫時留置後，就放了他。王育霖和他關在一起，也不知道是用什麼辦法或花多少錢或用身上什麼貴重物請他幫忙，請他冒險來我家傳紙條。他拿來我家，說：「這張妳看看。」我當然認得我先生的筆跡。

他還說：「太太，妳要趕緊去，趕緊去。今天早上，他們叫王先生換衣服，恐怕要移監了。」

我本來是知道林頂立和劉啟光，但我們女人家每天在家裡煮飯帶小孩，很少出門，當然都不認得。即使不認得，既然要我去找他們，我還是去了。

先前我聽王育霖說過新竹縣長劉啟光。新竹市長事件時，他曾告訴我先生說：「郭紹宗確實有『貪汙』，應該要辦。」我到劉啟光家裡，告訴他來龍去脈，請他幫忙。他一口答應，說：「好，我可以幫忙。」

我登門去找他一次，他說會幫忙。去找他第二次，他也說會幫忙。記不得求了他幾次，結果都沒有下文。

至於林頂立，我完全不認得，只好求助在合作金庫當總經理的舅舅劉明朝，他叫他們行裡一個外省人協理，名叫馬君助，介紹我去，我才有機會接觸到林頂立。

找到林頂立時，我說明案由。他聽完立刻說：「這件事，我無能為力。」我心想，連他也無能為力，這下慘了。

我找他們好幾次，劉啟光都說沒問題，一定盡力幫忙，林頂立則不太理睬我。我都自己一人去，萬一他有什麼話要告訴我，有別人在場，恐怕不太方便。那時克雄兩歲，克紹才兩個半月大，我每天忙著找丈夫，一聽到第幾水門、南港或哪裡有浮屍，孩子一揹，半夜都去找丈夫。一切都靠兩條腿，沒有車坐，去哪裡都走路。日也去，夜也去，我和林茂生先生、陳炘先生、李瑞漢先生、李瑞峯先生、施江南先生等人的太太，一大群太太，有時去陳情，有時去認屍，整天都為這件事奔波。

登門請託時，我有帶紅包和禮物。他們不肯拿紅包，只留下小

禮物，為什麼不拿紅包？可能是因為畢竟我們總是有社會地位的，他們不敢拿。後來陳炘的太太告訴我說：「被捉的人都已經死了。」我說：「為什麼？」她說：「我賞金十萬，只要誰能夠拿陳炘的字跡出來，證明他還活在世間，就賞金十萬。」這在當時是非常大的金額。結果沒有人拿得出來，可見人已經死了。我說：「不會吧，會這麼嚴重嗎？這樣就死了嗎？」

果然是這樣，3月11日開始，被捉的人都一去不回。林茂生先生、陳炘先生、吳鴻麒先生、阮朝日先生……菁英被一網打盡，逃都逃不掉。

葛超智

我也去找過美國駐台副領事葛超智先生，他是王育霖台北高等學校時的英語老師。

我問葛超智先生說：「為什麼？為什麼他們把王育霖帶走呢？請您趕緊幫我問明白。」

葛超智和我言語不通，我說的他聽不懂，他說的我也聽不懂。情急之下，他只好帶我去馬偕醫院找一位英國女醫當翻譯，把英語翻成台語。英國女醫翻譯說：「葛超智先生說他沒辦法幫忙，趕快回去找別人。」

後來我才得知葛超智先生自己剛剛逃過一劫，差點就活不成了。

那時他有一輛吉普車，借給艋舺的英國茶商。那天晚上，英國茶商開葛超智的吉普車去圓山，途中被不明人士朝他開槍，方向盤打掉一隻。葛超智說，其實他才是被暗殺的對象。他自身難保，更別說保別人了。

過了許久，葛超智要返回美國時，曾繞道南京。行前他曾託人辭行，告訴我說，他要去南京問蔣介石到底這一切是為什麼，他要告訴蔣介石說，這真是亂來，他可以保證王育霖確實沒做什麼壞事。那次他還拿了一大堆奶粉、奶水，請一位葉先生（Antenna）送過來。轉告我說，葛超智回去一定去南京向蔣介石說個清楚，請我放心。

夜來幽夢

尋人的路途很艱辛，尋人的心情很複雜。聽到哪裡有浮屍，奔波前往，去找時，非常憂愁，沒找到，心裡還暗自高興，心想：「還好，還好，幸好沒事。」回來時，半焦慮半高興，其實都是自己騙自己。

後來我聽花蓮張七郎的孫子說，國軍二十一師登陸基隆前，早有大逮捕的名單。問題是，名單從哪裡來的？

我們住在七條通尾，另外二二八受難家屬李瑞漢先生的太太不知從哪裡打探的，知道我一個女人家帶兩個小孩住那裡，就叫我去一起住。她說：「妳來我家住，反正我家有兩個太太，都要找先生，以後一起出門找，也比較方便。」

於是我就去和李家住。李瑞漢、李瑞峯兄弟兩家人住的是一個院子兩戶人家。我在那裡住了幾個月，三個太太就過著帶小孩，找丈夫的生活。

七條通的房東太太說，王育霖被捉走後沒幾天，他兩度夢見王育霖在我們家的榻榻米上走來走去，欲言又止的樣子。

搬去李瑞漢家住時，第一天我也夢見我先生。他倉皇來到我夢中，劈頭就罵：「妳跑去哪裡？害我找不到，為什麼搬家都沒告訴

王陳仙槎女士口述歷史

我？」我說：「唉，爸爸，我找你找不到，你還沒吃飯吧？我煮給你吃好不好。你不要再離開了，我找你找得好辛苦。」

他說：「妳搬家為什麼沒告訴我？」我說：「我找不到你，怎麼告訴你呢？你到底去哪裡呢？吃飯了沒？」

奇怪，才一見面，就想煮飯給他吃，怕他肚子餓。他說：「我出去一下，馬上回來。」我說：「你別再出門了，這一去何時才回來？」他說：「我住在那裡……」手指一處，我抬眼看，栽著兩排柏樹的草皮盡頭，有一個圓圓的土丘。他說他住那裡。

我說：「你住那裡，我要如何找？」他說：「林茂生是我的隊長，你去找他，就知道我住哪裡。」

「林茂生，林茂生，我一定不能忘記。」我在夢中喃喃唸著時，心裡轟的一聲，大喊一聲「林茂生」，就醒了。

醒來時，我還牢牢記得要去找林茂生。才要出門，心想：「唉，林茂生已經死了，我去哪裡找。林茂生若是隊長，我先生就是和他們埋在一起了。」我終於知道人確實死了，沒辦法了。

他天天夜裡來到我的夢中。夢中的他，整張臉腫得很大，牙齒掉了好幾顆。但我還是認得。我說：「爸爸，你吃飯沒？我煮飯給你吃好不好？」他說：「我出去一下，馬上回來。」

每次都是這句話。我常夢見他，每天都夢。夢來夢去，昏昏的，人一直消瘦，自己看了都害怕。我母親說：「妳燒香告訴他，說，再這樣下去，身體日漸孱弱，根本無法養大這兩個小孩。為了養小孩，妳要回台南。」

果真靈，待我燒香，一五一十告訴他以後，他就比較少讓我夢到了。

我還常常夢見鬼來偷我的小孩。蚊帳內，有一個長得很英俊的

248

鬼遊蕩著，我恍恍惚惚覺得鬼來了，鬼來了，要來偷我的小孩。我半夜三點起來餵奶，抱著小孩，等到五點再餵一次，半醒半睡中，就看見鬼要來偷我的小孩。

反正不是夢見鬼抱走小孩，就是夢見王育霖吞吞吐吐要告訴我什麼。我整個神經都要錯亂了。

我想我是被嚇壞了，所以亂七八糟夢。3月14日那天，阿兵哥拿著槍抵住我的喉嚨，對我來講，是前所未有的恐怖經驗。日治時代，做為一個檢察官，社會聲望很高，如果不是司法大臣的公文，警察不可能來家裡搜查的。幾時曾被這樣直接而徹底的驚嚇過？

這樣的日子大約過了半年，每天昏昏沉沉在淚水中餵養兩歲的克雄和幾個月大的克紹，我心想，該是離開台北的時候了。

返鄉

二二八慘案，王育霖被捉，那年我才二十六歲。在台北活不下去，我決定帶兩個小孩回台南。

我是陳家的獨生女，母親和兄弟都很疼我，要我乾脆回官田娘家住，他們說：「反正也不差這幾碗飯。」但我不是這麼想。我回娘家住，母親看我們母子三人，做妻子的沒丈夫，做兒子的沒父親，可憐我們，必定比較疼我們。家裡又有兄嫂，差別待遇，讓母親很難做人。尤其在鄉下，佃農每看到我們，難免要說：「可憐啊！可憐啊！」豈知我母親一聽，就傷心哭了。如果我不在她身邊，她好命得很，樣樣不必操心，因為我住那裡，讓她活得如此辛苦。我想想就覺悟了，歹命的是我，我一個人擔當，不要連累一家人。

所以我帶著克雄和克紹回台南王家住。大太太比較疼我們，但

是沒多久她也去世了。我回王家住以後，被細姨婆婆欺負得很慘，她常在我公公面前搬弄是非，一心想把我們母子三人逐出家門，可以少一份家用，多一份家業。我對她再好，她還是想趕我出門。他罵我時，可以拿三炷香，對著天，從清早六點鐘開罵，連罵我六個月。其實誰受得了？為了養大兩個幼兒，我還是忍受了。

住王家時，媳婦輪流煮飯，負責所有的家務。王家照理有四個媳婦，一人負責一個月，我應煮一個月飯。因為王育德那時已逃亡日本，他和王育霖是同胞兄弟，我同時必須擔當他們的份，服侍雙親，替他太太多煮一個月飯。

說給現代人聽，他們可能不相信。公公一天吃三頓飯和兩頓點心，煮好後，必須用托盤送到他床頭。我揹著小孩煮飯，閒時還要洗地、洗衣、煮茶，以及燒水給大家庭二十四個成員洗澡。也可以說，自己和大家庭的大小雜事，全都要做。

白天店員上班時，我不能去打掃，只好等半夜再做，挑水洗地，一塊磚一塊磚洗。那時候的老房子，地上鋪著木板，木板上再鋪著石磚，穿著木屐走過去，很難不出聲音。我走路像貓般輕微，略略發出咯咯咯的聲音。細姨婆婆告訴我公公說：「你才生病，你媳婦要做法，讓你快死，你看，昨夜她就來回走了好幾次。」

隔天一早，公公就叫我去。劈頭問：「妳昨夜給我走了幾趟？」我老老實實說：「我昨夜去後院關水龍頭，廚房關燈，總共三趟，來回走了六次。」他大吼：「妳知道我生病，要把我氣死，對不對？」

我流淚解釋：「您看我是這種人嗎？我一心要牽子長大，不會這麼做。我只恨手心肉剁不下來，否則我會煮給您吃，我會做得比別人好，做給老天爺看，求您同情我，信任我。」

聽我這麼說，我公公還半信半疑地說：「不然別人怎會這樣說？」

扶孤生活

　　克雄和克紹都很乖，他們多多少少了解母親的處境，自小懂事。大家庭人際關係複雜，我管得很嚴格。我若說，今天不准出房門，他們就一步也不出去。生活在四合院裡，我既沒有丈夫，又沒有親生的婆婆，很難立足，更難抬頭，誰都可以欺負我們。小孩子若發生口角，公公第一個就先罵我兒子，再罵我不會教養小孩。細姨婆婆也是，說罵就罵，我們都不能回嘴，否則她伸手就打。

　　我心想，我為王家牽子成人，被你打，不是很倒楣嗎？再說我受過高等教育，和妳這種人吵架，也不值得。於是我堅持忍耐到底，從不回嘴。

　　說來可憐，有一天我在廚房煎魚，要給小孩帶便當。老房子老鼠多，不小心那條魚被老鼠偷啣走了。那時不比現在到處可以買速食，我又沒錢，心疼，於是罵了兩聲：「得鼠瘟，得了鼠瘟。」這下不得了。細姨婆婆肖鼠，她認為我說「得鼠瘟」是詛咒她，很生氣，罵我罵了一個月，每天見了面就罵。平常我很小心，「細姨」、「丫鬟」這兩個詞犯她的諱。我絕對不敢出口，哪知道再小心，連老鼠也犯了她的禁忌。

　　我每天吞淚過日子，為了兩個兒子，不敢離開王家。我二伯王育森是學北管的，每天在中庭裡練戲，日夜嘰喳嘰喳鑼鼓喧天，往往唱到半夜一點，唱完又吃粥吃消夜，弄到兩三點，吵得小孩無法念書。克雄說：「媽，我們搬出去住啦。」

　　我去求二伯：「您同情我，我神經質很嚴重，我清晨五點要起來生火煮飯，你的北管戲可以早點散嗎？十二點就散了，好不好？」他根本不答應，他說：「妳樣樣都管，連我唱戲都管，管太多了。」

回想這幾十年來，我過的，是在淚水中浸泡過的日子。政府逼迫我，家裡逼迫我，日日夜夜沒有停止過的逼迫，有時候真覺得快忍受不住了。我曾很憂慮的告訴公公的朋友張壽齡說：「怎麼辦？我可能會發瘋，如果瘋了，這兩個小孩如何是好？我瘋了沒關係，我兒子可能受牽累，娶不到妻子。」

他安慰我說：「你別煩惱，擔心自己發瘋的人，絕對不會發瘋。」

那時候王育德人在東京，聽人家說我日子難過，傳話給我說：「如果妳在台灣那麼難住，搬來日本住吧。」我很想離開台灣，但是出境手續一直辦不出來。

王育德

我的境遇比其他二二八受難家屬來得更悲慘，因為我還有一位在日本從事台灣獨立運動的小叔王育德。

二二八後，王育霖被捉走，南北音信已斷，我沒辦法立即告訴台南的王家，王家的人是聽外傳的風聲才得知。小叔王育德聽到消息後，馬上到台北想要了解真相和究竟，看到我四處奔波，也陪我找了一段時間。

王育霖和王育德是同胞兄弟，自小喪母，王育霖兄代母職，很照顧弟弟，兩人同甘共苦長大，感情很好。我說他們倆是「夫妻仔」，很有話講，講個不停，講政治，講文學，一個說要負責法律，一個說要負責文學，要讓台灣更民主更進步，應該如何改革等等，兩人常常黏在一起，吃飯下棋做什麼的，都要在一起。我認為王育德後來逃到日本從事台灣獨立運動，有一大部分的心情是為了他哥哥王育霖。

結婚後我們住在日本，有一段時間，王育德也和我們住一起。戰爭方熾，王育德說他想先回台灣。我們勸他不要走，海上太危險了，他堅持要回台灣。

那時候他住東京，我們住京都。回台灣之前，王育德拍電報給我先生，說他搭幾點幾分的火車從東京出發，要到門司坐船，約好兩人在京都火車站會面。結果我們接到電報時，已經太遲了，火車過了京都，兩人沒見到面。

王育霖從京都火車站垂頭喪氣回到家，告訴我說，沒見到弟弟，他要趕去門司見弟弟。我說：「你又不知道弟弟坐什麼船，怎麼找他？」他說：「會的，我存了這信心，去找，一定找得到。」說完，他立刻趕往門司，趕到時，船正要開，他終於來得及見王育德一面。

日本人以酒餞別，兄弟兩人沒有酒，就以水代酒。在碼頭上，兩人抱著生離死別的心情，相互告別。戰爭期間，世事難料。戰事激烈，海上遍布水雷，生死難卜，再見面不知何時。

王育霖還專程帶一隻柴魚乾給弟弟，說：「萬一船沉沒了，漂流在海上時，你拿這隻柴魚乾沾水，暫時充飢，多挨一陣子，說不定可以救你一命。」

王育德回台灣後，在台南一中教書，並從事新戲運動，特別是戰後，嘲諷時事，常常刺激到國民政府。我們回台灣時，他告訴我們說：「我又去做戲了。」看他化戲妝，貼鬍子，拿著一枝手菸袋，真的很會扮，很會演。王育德在文學方面有天分，多才多藝，會寫文章會編劇會演戲。他很受注意，常被有關單位叫去訓話。但是王育德這個人，不會改變。

二二八慘案發生，王育霖被捉之後，王育德趕到台北幫我打聽究竟，奔波找人，他的心情可想而知。直到王白淵被叫去問，王育

德就想逃了。我也勸他趕快逃，「逃才有命，不逃沒命」。

1949年他離開台灣前夕，他再三交代我，他知道以後家裡人不會照顧我們，他說：「嫂子，我想要走了。」我說：「你要走，要快。」

王育德先是坐飛機去香港，再偷渡去日本。在日本時，他沒有國籍，日本政府判決要把他驅逐出境，他告訴日本新聞界有關二二八慘案和王育霖遇害的事跡，日本政府循線調查屬實，才給予他政治庇護和永久居留權。

他在日本從事台灣獨立運動，我在台灣更慘了，實在是慘到沒佛可燒香。國民黨常常叫我寫信去勸王育德，不要再這樣做下去。我對他們說：「我從小讀日本書，不會寫中國文。」他們立刻掏出一封早就寫好的信，說：「妳只要印指模就好了。」我說：「不行啦，我又不曉得你到底寫些什麼，萬一你上面說的是要把我們的家產充公，我一個弱女子和兩個幼兒都不會賺錢，以後怎麼生活？」我說：「我不能印這指模。」

國民黨說：「別擔心，我們沒寫這些。」我說：「可是我看不懂信，我先生都已經死了，你別再來和我糾纏。說不定你信上說要砍我頭呢，我怎能印指模？」

反正他們和我囉嗦糾纏，我也和他們扯東扯西。

1977年我第一次出國。要去美國找克雄，想藉這個機會，偷偷先到日本找王育德。其實當時我應該從美國回來時再轉道日本，比較神不知鬼不覺。結果日本簽證下來時，警察隨即找上門了。

他問：「妳要去日本嗎？你要去找你小叔王育德，是不是？」

我只好推得一乾二淨，說：「沒有啊，我怎麼敢去找他？」

他說：「如果妳去，我們會跟著去。」他又問：「妳小叔到底和哪些人來往？」

我說：「我只是在家煮飯的女人，既沒有打電話，也沒有寫信，和他差天差地，怎麼知道？」

他們不放棄，繼續警告說：「妳不可以去找他喔，否則我們會跟著去。」

我說：「可以，你儘管來跟。我四姑在日本，難道我也不能去找她嗎？」

你看，他們恐嚇我到這種程度。在台南，平常走路，後面就有人跟著監視，我一轉頭，沒看到人，繼續往前走，又有人跟蹤。有時我故意繞道走巷子，拐東拐西繞遠路，他們還是緊跟不放。

有人跟著，不管怎樣，心裡總是不舒服。朋友說：「妳真傻，我們若要請人這樣一步步跟著，還要花很多錢，妳不花一毛錢，就有人跟，真好。」

她講了之後，那天起，我心想：「很好，很好，要跟你就跟，隨便你。」

國民黨主要想知道王育德是如何和我聯絡的。他們的監視方式無奇不有，天羅地網。電話也偷聽。朋友說：「妳家的電話真奇怪，老是切切切有怪聲。」

國民黨的情治人員也曾去台北，找王育霖的二姊王錦香，叫她寫信給王育德，她嚇得要死，就把責任推給我，說王育德在台灣的事務，都是委任我在做，如果有事，找我比較好。

國民黨於是又來找我，來恐嚇我。我很擔心國民黨會以廖文毅模式處理，拿我們當人質，叫王育德回來投降。後來我想，王育霖已經被捉走了，大概不敢再對我趕盡殺絕。因之，我東躲西閃，沒有寫信給王育德，怕他著急。他倒不一定為兄嫂著急，但是一定會為克雄、克紹擔心。

1977年終於在日本和王育德見面，也很辛苦。我先是見四姑王錦碧，也就是王育霖的四姊，她住在東京。我們怕被跟蹤，不敢直接和王育德見面，姑嫂兩人約好一大早就去逛街，一家家百貨公司走，我們又不買東西，真是有街逛到沒街，逛到王育德學校教完書，我們才終於見面。

　　我們約在外面見面，王育德一直要我去他家坐坐，我哀求說，千萬不要。我說：「我在台灣，整天有人來找麻煩，嚇壞了。」

　　以前我們的聯絡也很單純，如果有人從日本回來，他就託著帶一張紙條給我，如果有人要去日本，我不敢寫字條，只敢口頭帶話。其實大多講講一些家務事，比如克雄、克紹現在讀什麼學校、成績如何等等。

　　克雄台大電機系畢業後，去美國留學。王育德把他寫的書《台灣—苦悶的歷史》寄去給克雄，克雄還幫他推銷賣書。國民黨當然知道了，很生氣，又來家裡找我麻煩。

　　所以1977年，我去日本找王育德時，他問我說：「如果妳兒子也來做台獨運動，妳意見如何。」

　　我說：「我嚇壞了，我很害怕。」他又問：「如果妳兒子是自發性的做，妳也怕嗎？」

　　我還是說：「怕，怕，我很怕。」

　　我人住台灣，不能說大聲話。住在國外，當然又不同了。我說：「一個王育霖就夠額了，再捉我兒子，我馬上就死去，再也活不下去了。」

　　人心總是矛盾複雜。我贊成王育德從事台獨運動，但我又於心不安。我說：「如果你是為你哥哥才這樣做，我實在擔當不起。」

　　他說：「我不是為他，我是為我自己的理想。」

我當然知道他生我的氣，氣我沒勇氣。但是怎麼說呢，各人有各人的立場。

見面時，我們幾乎都不提他大哥王育霖的事，他怕我傷心。

王育德非常熱心，非常專注做台獨運動，台灣人日本兵的賠償問題，就是他第一個做的。秋山律師帶領十個義務辯護師為我們辯護十年，沒拿半毛錢，台灣日本兵的代表去日本，也是王育德負責處理。審判長是王育德在高等學校的老師，最後判決書上說：「法律上無須賠償，但道德上要賠償。」為此，王育德拖著病身，寫了一篇文章，說：「這個訴訟，似輸實贏。」那時他身體已很衰弱，離死不遠，字跡因之零落不堪，斷若游絲。

克雄與克紹

王育霖很疼小孩，下了班，常常帶克雄去外面散步看火車。但是克雄那時才三歲，對父親完全沒有記憶，克紹才滿月沒多久，更沒印象。

吳鴻麒的太太保存了相當完整的吳鴻麒日記和書類。我們的情況不一樣，吳太太很早就從南港橋扛回丈夫的屍身，搬回家後，找了攝影師拍上遺照，一一保留吳鴻麒先生的遺物，她說：「以後好向子女交代。」我們不是這樣，始終找不到人，始終心裡存著僥倖，希望有朝一日王育霖安然歸返。王育霖大部分的書類，戰後寄放京都，沒能帶回台灣，二二八慘案後，他被捉走，兩三天後，有人好意來告訴我說，和日本人有來往有關係，會有死罪，證據趕快燒。

為了救人，我開始燒文件，王育霖寫的書、文章、日記、書信，全部燒。那些東西燒了三天兩夜，又怕被別人看見，遮遮掩掩的燒，

也燒得乾乾淨淨。回到台南之後，因為王育德從事民主運動，偷渡海外，激怒當局，我們又把王育霖、王育德兄弟相關的著作、書籍、相片、書信，一概燒毀。所以我兩個兒子至今連喚起父親一絲回憶的紀念物件都失之闕如，真是令人痛惜。

早知道他會一去不回，我一定細心保存。

克雄克紹知道二二八慘案嗎？我想克雄很早就知道，但他不曾問我，我也不敢告訴他。記得他讀台南一中初中二年級時，父親節那天，老師在班上問，沒有父親的同學舉手，老師一個個問舉手的人，說：「你父親是怎麼死的？」問到克雄，他說：「我父親生病死的。」老師又問：「什麼病而死？」克雄說：「那時我還小，母親告訴我是病死的。」老師說：「你回去問你母親，是什麼病而死的。」

克雄回來，說老師問父親是怎麼死的？我很緊張，忙問：「那你怎麼說？」克雄說：「我知道啦，我沒說，我知道老師要我回答說是死於二二八事件。」

我說：「你千萬不能講，只能說是病死的。」

我認為那是情治單位派來調查的，看我們有沒有繼續對第二代教育有關二二八慘案。

至於克紹，我更不敢讓他知道。克紹個性很直，一旦了解真相，萬一出去說他父親是被打死的，事態嚴重。

小時他從學校回來，朗誦一些反共八股，讚美國民黨。我跟著連連稱是，說：「對，對，很好很好。」我不敢讓他知道父親是怎麼死的，怕他講出去以後會沒命。到了他讀高中，我才正式告訴他。但那時他說其實早已隱隱約約猜到，始終不敢問，因為常常看母親哭，怕一問，母親又要落淚。

孤兒寡母的生活很可憐。克紹當兵時，我剛好腎結石，一直病著又想去看他。他擔心我長途坐車，故意說：「媽媽，現在部隊都沒有人面會啦，又不是幼稚園的學生，還要母親來面會。」

我說：「喔，原來如此。」

有一天，他日記本攤在桌上，我不小心看到，那一頁恰恰寫著：「今天是會面日，沒有人來看我。我獨自一人，躺在操場的偏遠處，向天質問，問老天，為什麼讓母親一輩子如此痛苦還不夠額，還讓她再生病？」

我告訴克紹說，你這小孩真傻，你告訴我，媽媽不能去看你，也可以拜託舅舅去看你。

有一次，克紹剛考上高雄醫學院那年，他騎摩托車載親戚去曾文水庫玩，在玉井撞傷了人，被警察捉到派出所，要賠錢。他求警察說：「你罰我，沒關係，但是不要通知家人來保釋，如果母親知道我騎車出事，會很憂慮，警察先生拜託你，好不好？我會存錢來賠，求你不要讓我母親知道。」

警察同情他，竟然說：「算了，算了。」不罰他了。

因為我平常不准他騎車，他回來當然也不敢告訴我。原委是那個被載的親戚轉述給我聽的，她說：「你兒子實在孝順，什麼都不怕，就怕妳生氣煩惱。」

高中時，克雄說：「媽媽，我想讀法律。」我說：「哎，你父親學法律，下場如此悽慘，一個就足額了。這點我絕對不讓步，絕對不讓你走。」

我兩個兒子很怕媽媽煩惱，後來就不再提起讀法律的事。結果克雄念台大電機系，到美國修得博士，克紹讀高雄醫學院，現在在台南市開業。

克雄當兵時，有一天告訴我：「我們台大電機系的學長，去美國很好很吃香。」那時電機系正當紅。我說：「你想去美國，是不是？」克雄說：「沒有啦，不是啦。」我說：「沒關係，你下星期回來時，我給你消息。」下星期他回來時，我告訴他：「克雄，媽媽要讓你去美國。」他很高興說：「真的？」我說：「真的。」

他說：「媽媽，妳很傷心吧？是不是又天天哭？」我說：「我不傷心，我沒哭，我甘願。」

我心裡想，我犧牲到今日，每個人都去拿博士，克雄你台大電機系，卻不能去拿博士，就是做母親的我害你的。

這些話我沒說出口。可憐克雄出國後，我哭了六個月。一碗飯端起來，想到兒子，眼淚一直滴。不曉得他有沒有吃飯，天冷時煩惱他記不記得添衣。不知幾十年後我們母子才能再見面。二十五年前，飛機票非常貴，我帶著一個小兒子在台灣，不知何時才能再見克雄一面。

大哥笑我：「既然如此捨不得，就不要讓他出國。」我說：「我以為去了就算了，怎知去了，事情不能解決。」

其實，克雄進大學時，就加入國民黨，因為他想出國。有一天軍訓課，教官邀他入黨，他就加入了。他還很認真開小組會議。克雄常常告訴我說，教官對他印象很好。我很了解國民黨的手段和情治人員的厲害，我可以同意克雄加入國民黨。他說他自小在那種艱難的環境長大，知道凡事要小心，保護自己，沉默為上策。

但是辦出國手續時，出境證被刁難許久才下來。我想，他在台大時參加國民黨的紀錄，可能有所幫助，終於通過。一直到坐上往美國的飛機，我們才能完全放鬆心情，是一種逃亡的心情。

事情果然沒了，王幸男事件時，我也差點嚇死。謝東閔郵包炸

彈案發生後，王幸男才被國民黨捉，克雄就拍電報來，說他要回台灣。那是他第一次要回台灣。我說：「你千萬別回來，你要看母親，我半個月內立刻飛美國去給你看，我馬上去，你別回來。」

結果他太太打電話來，說克雄人已經登上回台灣的飛機了。我心急如焚，趕緊請台北的親戚去接機。親戚在機場沒看到克雄，回電給我，我一聽差點沒嚇得暈倒。那夜再打電話回美國，他太太說，確實是上機了。我又打去航空公司問，正值聖誕夜，美國航空公司沒人上班，無法聯絡。我電話打了一夜，哭了一夜。小兒子說：「媽媽，振作些，別暈倒，我們再去調查。」那時王幸男被捉走沒多久而已，我心想：「完了，完了，全都完了。」

第二天清早，克雄從大阪打電話回來，說是飛機誤點，在日本錯過轉機時間，西北航空公司的人說已經通知所有家屬。克雄留了字條給他們，叫他們傳話，航空公司說，他們會處理。結果不知為何，並沒有通知我們，就這樣的陰錯陽差，讓我驚魂落淚一夜。

以前我日日難過日日過，時時刻刻活在驚慌當中，最大的驚慌是，怕國民黨繼續再殺害兒子，尤其是以「廖文毅模式」對付我們。我的驚慌有多重原因：一來是二二八家屬；二來是因為王育德的關係，尤其後者，愈來越嚴重，好像每天都有被捉的可能。我又聽說國民黨有五千個二二八家屬的名單，一但台灣情勢有變，這些人先殺再說。我愈聽愈怕。

五、六年前，約1987年，克雄第二次回台灣。情治人員跟著也來了。他們樣樣都問，像是：王克雄何時回來的？去了哪裡？何時離去？回來做什麼？和哪些人見面？

我照例輕描淡寫，說，回來幫我慶生。

他們繼續用威脅的口氣問，妳知道妳兒子在做什麼嗎？

我說，我兒子是生意人，這次回來看母親。

他問，妳兒子是台獨份子，妳知道嗎？

我說，他生意人，怎會做台獨？

反正國民黨有事沒事就來嚇我，差點沒把我嚇死。

克雄後來不顧我的反對，在美國參與台獨運動。他說，他雖然不願意母親煩惱，但是這是信仰和良心的問題，與身為二二八家屬沒什麼關係。

台獨街

去年行政院公布了二二八慘案資料，有關王育霖為何被捉，所犯何罪，如何處置，完全沒有交代。慘案初時，我們四處找人，每個單位都矢口否認，說他們沒有捉人，還說：「可能是暴徒捉走的。」推得一乾二淨。白崇禧來台灣時，我們幾個太太也去陳情，哭得要死。白崇禧也是回文說，沒捉這個人。

早些年，我們在街上和熟人打招呼，他們都臉擺一邊，裝作沒看見，害怕被連累。二二八，誰不怕？克紹在省立台南醫院當醫生，備受注目。連我哥哥的兒子去當兵，資料上都寫著他和王育霖、王育德有關係。

我也常說謊。小學同學問我：「妳先生好嗎？生意好嗎？」我說：「還好。」或說：「做生意嘛，時好時壞。」有人問：「妳先生哪裡高就？」我又說；「生病死了。」見人說人話，見鬼說鬼話。到後來我都弄不清楚到底向誰該說什麼。不認得的人問起，我就含含糊糊說：「是啊，做生意，做紙的生意。」

我一輩子在家裡管家，沒出過社會，家務事我很會，外頭的事

我就不懂了。再加上被壓迫得很厲害，我變得很乖，要我向東我不敢向西，對國民黨我只差一個跪字。

我們當然怕。早些年樣樣都怕，敢抬起頭大聲說二二八慘案，是這兩、三年的事。

說來有趣，我們住的王家古厝，在台南市民權路，現在又稱「台獨街」。為什麼呢？我家隔壁三家是張燦鍙家，再過去是王幸男家，另外一邊是興文齋林宗正牧師家，過去是何康美家，一百公尺內出那麼多台獨份子。聽說當年蔣經國到南部巡視，特地避開台南市，不願意經過那裡。

我不認識張燦鍙，但是出門買菜或什麼的，幾乎每天和他母親見面。我也常見到王幸男的父親，王幸男的弟弟王和男與克紹是中學同學，常來我家玩。何康美的父親所擁有何齒科的房子是向我王家買的，興文齋則是民權路唯一的書店，我們常去那裡買書和文具。

民權路坐北朝南這一邊，前後不到一百公尺，出了那麼多台獨份子。我家出一個王育德是日本代表，張燦鍙是美國代表，何家是歐洲代表，林家是長老教會代表，聚集在不到一百公尺的路上。千挑萬選都沒辦法如此齊全。

所以情治人員常來找我們麻煩，一次就找全了。別人家的戶口調查如果是一個月一次，我們不到十天就有人上門做戶口調查。我問情治人員說：「你這麼常來，我怎麼出門呢？我們商量一下，我把戶口名簿吊在門口，你自己簽名。」他說：「不行，我還是有問題要問你，最近有沒有客人來訪？」

以前農業社會，沒電視看，沒電扇吹，閒時家家戶戶搬張椅子，坐在涼亭下聊天，彼此很熟，知道誰誰誰在海外又有什麼事了，知道這個人不能回來，那個人不能回來。彼此講話也很含蓄，像打密

碼。比方說：「呵，最近小孩有沒有寫信回來？好嗎？你不是說要去看看嗎？」就有人嘆氣了，「唉，手續還沒辦下來。」

當時張燦鍙的母親年紀很大了，想去美國看兒子，也不准。最後有條件放行，叫她去勸告兒子回來。張母說好。從美回來時，情治人員來問結果。他說：「我說了，我勸了，我兒子聽了，眼眶紅紅的，一直落淚，沒有回答。」

四十幾年來的種種恐懼和害怕，別人不太能真正了解，只有你自己遇上一次，怕入了心，才知道箇中辛酸冷暖。

紀念文集

王育霖（讀東京帝大，右）與弟弟王育德（讀台北高等學校，左）合影。

兄哥王育霖之死

王育德

日文原刊於《台灣青年》六期，1961 年 2 月 20 日；中文刊載於《我生命中的心靈紀事》王育德全集第十集。（編註）

因為沒有見到屍體，我的兄哥究竟何時死去的，至今仍然不詳。起初，家人們都認為，屍體沒有出現就算是佳音，努力地相信他可能只是被困在火燒島或某地，應該還好端端地活著，總有一天會悄悄地回來的。

然而，他並非一個不會想到把信裝進瓶子裡，讓它流向大海的笨男人。只是，傳送兄哥親筆家書的人始終未出現，我們也只能認定，他是已經不在這人世間了。

其實，在二二八發生那一年的晚春某個夜裡，我看見他頭上從右後腦到左眼窩以及右太陽穴處被開了兩個洞，他一邊溫和地笑著，一邊走進我的寢室來，身上的白襯衫都被血染透了。我心想他遭到逮捕時，應該是帶有一只特別裝滿衣物的皮箱的，在這麼寒冷的夜裡，他不應只是穿著一件白襯衫呀！我正想起身責備他，才察覺兄哥口中喃喃低語著：

「阿德，一切拜託你了！」

那是一場夢。我夢到兄哥，前後就只這麼一次。

我並沒把夢見兄哥的事對內人和兄嫂說起。我獨自在心底絕望地認定：兄哥確實已被槍殺了。

他頭部苦挨了兩槍，一定是當場死亡的吧！若是當場死亡，那就是沒感到多大痛苦便死去了吧？這一點倒還可堪聊慰。

我憶及兄嫂每天背著剛出生的嬰兒頻向路人打探消息，徘徊在台北市郊曾出現屍體處的情景。今天是南港、明天是大橋頭，兄嫂一心只想找到兄哥的遺體，毫無畏懼地辨識起每具屍體。而人們一下子說那是施江南或某某人，一下子又說在南港的溝渠發現一具名人的屍體，全身赤裸，睪丸被踢得稀爛。（據說南港的基隆河轉折處，當時浮現六、七具著名人士的腐屍。）與之相比，我認為被槍殺反而是一種恩典了。

我們家始終沒為兄哥舉行葬禮。雖然，舉行盛大的喪禮，在某種程度上可視為對政府的洩憤，但辦葬禮沒有屍體或遺骨是不成的。可是也由於父母及其他兄長的掛念，我們最後還是在寺廟為他辦過簡單的法會了事。那場法會，也是在不知兄哥的祭日下完成的，真是荒謬。

為什麼兄哥非要被逮捕、被槍殺不可呢？我至今仍不知其確實的罪狀。

家母曾將事件歸咎於大稻埕賣私菸的老婦人，要不是她賣私菸，就不會發生二二八慘案，我的兄哥也就不會遇害了。這是家母的三段論法。

家母還把不知妥協、不同流合汙等責任加在兄哥身上。

我想，把起因怪罪在老婦人身上，只能置之一笑了，但若把原

因歸諸於兄哥的性格，卻是有一點道理的。

兄哥1944年任職於京都地方法院，是第一位台灣籍的檢察官。這是受到東大的恩師田中耕太郎及小野清一郎之極力推薦的。當時還是重考生的我，對兄哥的新職半是嫉妒、半是擔憂，因而曾忠告他不要成為人見人怕的檢察官。

兄哥坦告他只有一次發揮「人見人怕」的本色而使用了暴力，因為有個日籍嫌犯對他叮唸地說：

「你這個傢伙是台灣人，有權利調查我嗎？」

兄哥一聽，不由得怒火中燒，大喊了一句便衝過去狠狠地痛毆他一頓。

1946年正月，兄哥搭船急忙回到台灣，恐怕這才是他被槍殺的一大因素吧。他是戰爭結束之後，受到京都地區華僑團體的總務部長等的舉薦，並切身有感於「為祖國、為故鄉，歸國服務吧！」的口號，想為台灣人做事，便決定付諸實現的。

他在家賦閒了半年左右，才以新竹地方法院檢察官的身分前往赴任。他的上司，主任檢察官是一位姓張的中國人，一向體弱多病，大小事情幾乎都由兄哥承辦。

我至今才瞭解，當時新竹地方的政界其實已捲起一股巨大漩渦，兄哥正是自覺或不自覺地身處其中。

不知因何緣故，新竹市長郭紹宗和新竹縣長劉啟光交惡，每每處於對立狀態。但郭是省民政處長周一鶚（或許是警務處長胡福相）的忠心黨羽，而周一直是陳儀的第一心腹。另一方面，劉是人盡皆知的半山大人物，而且還擁有相當的背景。身處這種行政官員的對立之中，令人不得不感嘆無法保持超然的立場，但儘管如此，兄哥最後還是接受了劉的「認親」接近。

兄哥王育霖之死

但是，在當時高喊「粵人治粵、台人治台」及「聯省自治」口號的政治環境中，台灣人的高度自治曾被熱烈地議論。兄哥對半山的劉感到親近，也不是全無道理的。

當時，台灣遭逢前所未有的嚴重糧荒，政府雖禁止囤積食糧，但缺德商人的走私行徑從不曾絕跡。兄哥對於新竹地方的缺德商人，一概毫不留情地予以逮捕，從新竹地方到全島的報紙，莫不極力讚揚兄哥的快人之舉與鐵腕作風，省民也報予熱烈的喝采。但商人們哀求兄哥說：貿易局肆無忌憚地走私，你不去抓，光是抓我們這些小魚，未免太過分了，何不放我們一馬？許多人都是帶著紅包前來的，但全被兄哥退回了。

不知是因為受到商人們控訴的刺激，還是已經進行了慎重的內部評估，兄哥糾舉不法的鐵手已經觸及到郭市長身上了。兄哥雖然好幾次傳他出面，但郭是不將法律威嚴當一回事的人，一副完全不搭理的樣子。在這期間，他依照往例派人到兄哥住家，試圖用鈔票收買兄哥。最後，我生氣的兄哥終於調動一隊司法警察，進行包圍市政府、強制搜索的調查行動。後來我聽兄嫂說，這件事似乎是受到了劉的挑唆所致。

話雖如此，依兄哥的性格，他並不會淪落為劉的黨羽。高校時代，他即使因為罹患肋膜炎而延遲了一年，並且在大學考試時又重考一年，但也一直認為別人是別人，我是我，始終謹守自己的步調前進，最後反而於大學在學中通過嚴格的檢察官任用考試。他也克服了長期的肋膜炎，取得空手道一段的資格，是一個肉體與精神都健全的人。

如果要找毛病的話，他倒是有一個缺點。那就是常成為我倆爭吵之源的「法律的人生觀」。這是我對他太過規規矩矩、無法通融

的一面感到憤慨而反駁的惡言，他被我這麼一說，也用一副鄭重其事的表情說：

「說得好，那麼，你的人生觀又是什麼？」

「我啊！嗯，我是文學的人生觀啊！」

在日本，曾有法官因不買黑市物資而餓死的事例，儘管兄哥不至於那麼不知融通，但那陣子兄哥的生活也絕不輕鬆，仍是靠著家裡或兄嫂娘家接濟。兄嫂面對眼前的紅包猛吞口水的複雜心情，並沒有讓兄哥察覺。

包圍市政府強制搜索，無疑是一場博得眾人喝采的趣味寫實劇，但無論怎麼說，兄哥在此都要被記上一大缺失。我的記憶中也有幾處疑點。據說，拿著搜索令的書記官受到市長的欺騙，搜索令不知是被搶走或遺失，竟反被市長指控為違法搜查，最後只好吞下眼淚，無功折返。總之，還沒成功地檢舉市長，張主任檢察官已勞心致死，兄哥為承擔責任，也辭職了。

辭去檢察官的工作後，兄哥一點也沒有意志消沉。他想到台北謀發展，因而在陳文彬先生（同為海外歸國的一員，二二八慘案後逃脫至大陸，現任中華人民共和國文字改革委員會委員，台盟盟員）任職校長的建國中學，找到教公民和英語的教職，他原準備要當律師，但辭去現職後，如果沒經過一年半載，律師執照下不來，他就用這段日子來爭取時間。

但是，台北的台籍有力人士是不會將兄哥只視為一個中學教師而置之不理的，他不久即被林茂生和王添灯先生主導的《民報》招聘為法律顧問。我不知道他到底負責處理什麼樣的法律問題，只知道他不知幾時寫了一本《提審法解說》的小冊子，無不令人對他的精力感到驚訝。我是一個法律的門外漢，對書中內容不甚瞭解，但

其中有一主旨指出，要逮捕一個人，須於二十四小時之內完成法定手續，並決定釋放或繼續拘留。有關這項解釋，在剛制定完成的中華民國憲法中，也是混淆不清的。然而撰寫那種專書的作者，竟被不分青紅皂白地逮捕，別說是二十四小時，而是永遠地回不來了。命運，真是諷刺人啊！

兄哥和我都夢想著光明的前途，從小，我們就誓言要成為台灣的古樂格兄弟。兄哥說，憲法在台灣實施後，他要出來競選立法委員。我則繼續從事戲劇文化工作，有關法律方面的事，就看兄哥了。

那段時日，兄哥那些居住在台北的「台北高校」前後期同窗經常相偕到從前的老師、當時為美國領事館副領事的葛超智家去。葛超智家在北門，只要一去到他的住處，吃的喝的，當然是無限量供應，大家盡情狂放喧鬧。

二二八慘案就在那時發生了。

兄哥最後待在台南的家，大約是距此一個月前的1月31日或2月1日。因為1月30日，我們還一起出席了高雄市楊金虎先生（後來的國大代表）的公子冠雄君的結婚喜宴。新郎是我們台北高校畢業的學弟，和新娘錦心小姐則是自小就相識。在高雄市，我和兄哥個別行動，午後，兄哥和王石定先生相談甚歡。王先生的上一代王沃先生和家父同為王姓宗親會的理事，因仰慕年輕的石定先生大名，決誓父子二代續以深交。王先生在當時是罕見的擁有自用車的人，他有幾十艘拖網漁船，是市參議員兼漁會會長。與王先生結束談話之後，兄哥覺得好像得到百萬雄兵一般地高興。這位王先生後來也遭逢了彭孟緝的魔手，先兄哥一步被殺害了，真是可憐。

我聽到台北發生暴動，雖然擔心兄哥的安危，但怎麼也沒有想到他竟會被逮捕喪命。

3月6日或7日，我幾乎同時接到了兄哥的長信和簡短的電報。電報的內容是：

　　「急速送來米穀存摺，配給所需。我擔憂台北的糧荒已經比我想像的更嚴重了。」

　　而長信署期是2月28日，大致這樣寫道：

　　「昨晚，在大稻埕的山水亭和陳逸松先生（後來擔任考試委員）及王井泉先生（山水亭老闆，戲劇界泰斗）飲酒時，發生了查緝員傷害那位賣香菸的老婦人的騷動事件。市民都跑出來看示威抗議，我看到整個城市鬧哄哄，必定會發展成大規模的政治鬥爭。我們的時代似乎提早地來到了。我們要振奮起來！不過，我完全沒有接觸到這場動亂，請安心。」

　　我的擔憂立刻煙消雲散，但反倒覺得心驚肉跳了。自那之後，他便斷絕了音訊。過了3月中旬，有一位親戚才來信告知，兄哥好像於14日左右遭到逮捕了，家中為之震驚，我聯絡對方，要他詳告兄嫂，但不知何故，一點回音也沒有。在無法忍受苦等之下，我焦慮地想到台北去一探究竟，但我自己也身處險境，無法出家門一步。

　　為什麼說我身處險境呢？因為在此之前，我在台南從事戲劇活動，曾在戲劇上諷刺和批判政府。有一回，教育處曾透過我任職的中學校長對我發出了嚴重的警告。

　　家中除了我之外，也出了二位「勇士」。二姊夫在台南工學院（前台南高工）任職教授，也擔任該校處理委員會的副主任，連日出席會議。而排行在我之下的弟弟和四、五位朋友，不知從何處獲得槍械，曾開往關廟和佳里的鄉下作戰。

　　後來憲兵隊來家搜查，他們用小型機關槍抵住父親，要他帶路，據說父親曾遲疑一陣，不知要將他們帶往哪個房間。結果，他們的

目標是姊夫，還好我這位姊夫有點口吃，也許是盤查時哀叫告饒吧，第二天被無罪釋放了，而正當我們感謝神明保佑一家平安後不久，便傳來了兄哥的噩耗，才知是空歡喜一場。

半年後，兄嫂放棄了找尋。她一副落寞神傷的可憐模樣，帶著兩個兒子從台北回來了。我在月台上一見到兄嫂，雙眼潰堤般地淚流不止。一到家後，我放聲大哭。父親一半驚慌、一半生氣地責罵了我，說：

「我不是捨不得拿出錢來，而是花錢也沒用。」

兄嫂滿臉淚水，談起那天逮捕的情況：

大概是3月14日吧，接近正午時分，四、五名便衣隊悄然無聲地進入兄哥夫婦租賃的家，家人都被叫了出來，男生們逐個被語氣尖銳地詰問：

「你是王育霖？」

他們沒有拘捕令，也沒有畫像。兄哥一瞬間臉色發青，只好佯裝自己不是王育霖。但接下來他們一一進行搜身，就在西裝內袋發現了王育霖的名字，兄哥終於落入了他們的手中。

「你跟我們去一下！」

「不用帶行李嗎？」

「帶些隨身必須品！」

為此，兄嫂以顫抖的手幫兄哥塞滿了一皮箱的換洗衣物，兄哥提著沉甸甸的皮箱，被押進停在不遠處的吉普車內。兄嫂想要追上去，卻被殿後的便衣人員趕走了。

兄嫂一方面擔心兄哥此去可能久久難返，一方面又安慰自己，也許只是判個徒刑而已。

後來，兄嫂投注心力在整個台北市來回奔走。她最先去哭求的

人是劉啟光。劉嘴裡雖說：「王太太請放心，我一定會盡全力的。」但每次只是重複相同的話，看不出絲毫真心幫忙的跡象。兄嫂無奈地咬緊嘴唇，只好又向住在附近的王白淵先生（文化界泰斗，兄哥曾為我引見）哀求看看。兄嫂曾向很多人哭嘆求助過，我也不記得是誰和誰了。

後來，確實是3月23日左右，有一個人拿了一張紙條來給兄嫂。一看，上面寫著他人在西本願寺（憲兵隊的說法也一樣）。那個人曾和兄哥同囚一室，據說已獲釋放。兄嫂自此以後好幾天都到西本願寺的四周徘徊。她也曾透過某人向政府打聽王育霖的消息，獲得的回答是，「他不是被某處的流氓擄走了嗎？」兄嫂一聽，仰天痛哭。

兄哥被逮捕一事，也摻雜著偶然的因素。

他遭到逮捕的兩、三天前，曾問葛超智對今後的預測及處身之道。葛超智告訴他趕快逃走！葛超智本人駕著吉普車來往於台北街頭時，不知在哪裡遭到了狙擊，方向盤中彈，幾乎喪命。那時，就連葛超智也都準備逃跑了。我不知道兄哥聽過葛超智的忠告後，有沒有做逃亡的準備？或者他就像往常一樣，由於沒參與事端，處之泰然也說不定。

這一天，也是葛超智離開台北的日子，據說兄哥要出門去為他送行。他已離開家門了，但中途發現沒有帶皮夾，又慌慌張張地返回家中。那皮夾是因為兄嫂昨天出去買東西時，發現錢不夠，乃翻出兄哥西裝袋裡的皮夾，拿了一點錢，卻忘了再將皮夾放回兄哥的西裝裡。兄哥為此返回家裡，可是不到五分鐘，便衣隊就闖入家門了。

如果兄哥那天早一點離開家門，或許可以避開被捕的厄運，何

兄哥王育霖之死

況兄嫂反應機敏，她也會通知親友或打電話要兄哥藏身暫避風頭的。家母知道兄嫂悄悄拿了兄哥皮夾內的錢一事，很長一段時間，一直埋怨是兄嫂的不小心才導致兄哥之死。

我的心情也不好，但是我不會怨恨兄嫂。天底下有誰會狠心把心愛的丈夫趕赴死地呢？我想這是命運吧。因此，我至今仍拒絕在西裝內袋織名的服務。因為人死就是死了，名字或皮夾這些小東西，不會讓人起死回生的。

對我來說，「必然的偶然」與「偶然的必然」這兩句話不只是文字遊戲而已。伴隨著兄哥之死的實際感受，它是那麼嚴肅地沁進我的五臟六腑啊。（邱振瑞譯）

附記

王育霖生於1919年，台南市王汝禎家中的三男，享年二十九歲。作家邱永漢的〈檢察官王雨新〉，就是以王育霖為藍本，但他添枝加葉寫成的小說，與事實不符，在此聲明。

李總統南下拜訪王育霖遺孀

王克紹

　　1994年二二八紀念日前，「美國二二八受難者家屬返鄉團」為了二二八受難者的平反及制訂二二八為國定假日，回國拜會行政院、司法院、立法院等機構，並到總統府覲見李登輝總統。他從團員之一，受難者王育霖檢察官的大兒子王克雄口中得知，王育霖遺孀現住在台南市北區成功路516號王克紹診所（王育霖二兒子的開業處），便表示很想南下來拜訪土老太太。王家想以總統之尊，且日理萬機，大概不會親自來。沒想到過不了幾天，總統府人員告知，李總統將於1994年3月6日（星期日）先到台南市文化中心觀賞演唱會，大約上午十一點左右會到診所，來拜訪王育霖夫人王陳仙槎女士。3月3日總統府維安人員來到診所，建制安全規劃，並囑咐要保密，連護士事先都不知道。

　　當天早上，診所前面那一段的成功路來了很多警察，管制交通，如臨大敵。上午十一點左右，車隊到達，李總統直上三樓客廳。見到李總統，王夫人悲喜交集，只流著眼淚半晌說不出話。總統坐主位，是二人座的大沙發，旁邊是省長宋楚瑜、行政院政務委員黃石

城、總統府副秘書長賴瑞明，對面坐台南市長施治明。家屬坐另一邊，王克紹醫師念國小二年級的兒子王凱立因沒有地方坐，總統和藹地要他坐在總統旁邊。（見第236頁彩色照片）

李總統在世界二次大戰時，在日本京都帝大留學，讀農經系。他和一些台灣留學生曾受到王檢察官的照顧。李總統回憶說，王檢察官年輕正直、熱愛台灣，說話忠貞、正直。新婚太太非常漂亮，親切、熱誠。當時王檢察官夫婦拿出僅有皇室及特權才能配給的白米和酒款待大家。吃著、喝著、談著，不知明天是否還會活著。只有一個共通點是來到王檢察官家，心中就非常有安全感。

李總統對一個人的觀察非常深入，在與新任大法官面談時，就要大家效法在二二八慘案中犧牲之王檢察官的人格素養。其中一位是孫森炎大法官，他是王檢察官親姊姊的大女婿，李總統事先並不知道這樣的親戚關係。

李總統翻著泛黃的照片，仔細端詳，時有所悟，頻頻向王夫人問好。並向身旁的宋省長，描述二二八慘案的悲慘及對人民的傷害。王夫人數度哽咽，當年往事一晃如昨，不勝噓唏。再三向總統請求，追求受害真相及查明自己先生死亡的地點和時間。「忌日」是受難者家屬最卑微的請求，也是王夫人一生最終的願望，好讓子孫們有祭祀的日子。

在要離開前，李總統語重心長地說：「王檢察官在台北的活動及參與延平學院的成立，我比你們都清楚。」事實也是如此。王檢察官在1946年8月底被迫辭去新竹地方法院檢察官時，王夫人已懷孕七個月，就回到台南官田鄉的娘家待產及坐月子，王檢察官單獨搬去台北。直到1947年2月21日王夫人才帶兩個月大的嬰兒克紹及兩年八個月大的克雄來台北寓所和夫婿重聚。不久即發生二二八慘

1994年3月6日，李總統訪問王育霖夫人，各報爭相報導。

李總統南下拜訪王育霖遺孀

案。3月14日，王育霖檢察官被六個穿中山裝的士兵押走，從此音訊全無。王夫人當場被士兵用手槍指著脖子，不准她追出去。王夫人現在想起當年的情景，都悲痛難忍。

　　李總統的訪問及親切的談話帶給王夫人極大的安慰和解放。到那時二二八已過了四十七年，過去在特務監視下，親戚朋友的疏遠中，那樣的痛苦生活不是一般人所能理解的。現在這些陰影已經挪去，王夫人可以堂堂正正做人了。王檢察官為台灣的司法公義而犧牲，有助於台灣的民主與自由，那是有價值的犧牲。

人生浮沉　走出悲痛二二八

王克紹

　　二二八慘案是台灣史上最悲慘、最痛苦、影響最深遠的政治事件，加上後續的清鄉和白色恐怖迫害，讓為數眾多的台灣社會菁英遭受逮捕、殺害。

　　我的家庭不幸也身陷其中。先父王育霖是日治時代台灣人在日本的第一位檢察官，任職京都地方法院。二次大戰時，就經常照顧在日的留學生，如李登輝總統及幾位財經總裁。大戰結束，回台任職於新竹地檢處檢察官，公正不畏強權，嚴辦不少貪汙案，其中以新竹市長郭紹宗侵吞救濟物品案最有名。得到大眾的讚譽，卻不容於當時的陳儀政權，以致二二八慘案發生時，受冤屈而犧牲。

　　回溯當時，不勝唏噓。1947年3月14日的下午，台北下著細雨，天氣颼冷，我父親被六名穿中山裝的士兵，在我母親面前用槍押走，搜刮一切，至今音訊全無。那時我還不到四個月大，也在場受到驚嚇。我家頓時從天墜到地一樣，原本富裕康樂，一下變成黑暗無助、悽慘悲傷。

　　回到台南老家，一直被國民黨誣指為「共產黨」，這頂無形的

帽子，如影隨形。我家在民權路，就是所謂台獨街，原是充滿人情味的街坊。親戚、朋友對我們既同情又畏懼，漸漸變成我們的負擔，同學不懂事，卻被他們父母告戒須和我保持距離。從小我和哥哥就不敢在母親面前談及「爸爸」這個字眼，還刻意表現出雖無父親，我還是跟你們一樣，有笑容、有快樂，唯有努力求學，得到好成績，給母親最大的安慰。父親二十七歲就義，母親二十四歲就守寡，撫育二個襁褓的嬰兒。母恩浩蕩、無與倫比。

叔叔王育德教授，因哥哥冤死，東渡日本，從事台灣獨立運動及台灣語言的研究，全世界知名。也因為如此，在全台二二八受難家屬中，我家遭受最嚴苛、最恐怖的高規格監視。我在生長的台南定根，服務於省立台南醫院外科，受到人事二室的監視，每月呈報我的言行。

「解嚴」讓我深深感觸到心內陰影的解放，如獲重生。政府的道歉與平反，只是給家屬應該的安慰。聯合國人權宣言本來要求給予人民「免於恐懼的自由」。我一再思考，不禁潸然淚下。願將有生之年，致力於公共事務及公益活動。

1998年我們成立了「二二八司法公義金」，由受難的司法前輩：王育霖檢察官、吳鴻祺法官、林連宗律師、李瑞漢律師、李瑞峯律師的家屬，本著先人熱愛台灣這片土地，為司法公義灑熱血、犧牲生命的精神，將部分補償金捐出，以表揚對司法公義有貢獻的個人或團體。每年在律師節頒獎，拋磚引玉，禮輕義重。陳水扁總統及馬英九總統任內，我均擔任行政院直屬二二八事件基金會董事，得以公正、嚴謹的態度，探討二二八真相、追查政治責任、對受難家屬撫恤及平反、推動成立國家二二八紀念館等。我也寫了《歷史借鏡、事蹟永存》的小冊子，由台灣醫界聯盟出刊，分發給民眾，讓

大家認識二二八慘案。

　　世上所有政治慘案，在過一甲子之後，定能水落石出，沒有怨恨報復，只剩憑弔追思。唯獨台灣的二二八慘案，還沒還原歷史。國安局檔案十九卷「拂塵」專案，就是二二八的檔案，但僅留受難者名冊，沒有死亡日期，也沒有處死及埋葬的地點，解送單位及收送單位均為不可考的代名，顯見檔案遭到有計畫的破壞及滅跡。

　　嗚呼哀哉！只求政府給我父親確切的就義日子及地點，好讓為人子女盡點孝心，有個祭拜的忌日。

中國國民黨是二二八慘案的主謀

王克雄

　　蔡英文總統在2016年5月20日就職演說提到，新政府要承擔的第三件事，就是社會的公平與正義，新政府會持續和公民社會合作，讓台灣民主機制更加深化與進化。她宣示，將從真相調查與整理出發，在總統府成立「真相與和解委員會」，預計三年內，完成台灣的轉型正義調查報告書。在二二八慘案中，非常多的台灣菁英在很短幾天內被有計畫地秘密逮捕、處死，甚至被滅屍。這些受害者很多並沒有參與二二八的活動，就無緣無故被殺害。筆者的父親王育霖檢察官也不幸遭殺人滅屍。到底是誰策動這場世紀大謀殺？這是真相調查的重要課題。

　　1928年中國國民黨發表〈南京國民政府宣言〉中說：「中國國民黨本其歷史上所負之使命，適應國家實際之需要，代行政權，而以治權授諸國民政府，設立五院……。」其後根據〈訓政時期約法〉、〈國民政府組織法〉，五院全由國民黨主導，而且必須對國民黨負責，國民黨掌控國家政策的決定權，是以黨治國的專制統治。因此，1947年二二八慘案發生前後，台灣的政治腐敗、官吏貪汙及經濟崩

潰，完全是國民黨的責任。那時是以黨領軍，軍帽上的國徽原是黨徽，軍中由國民黨政戰人員掌控，將官的任命也由國民黨安排，絕大部分的軍官與士兵是國民黨黨員，國軍實質上是黨軍。在1947年非戰爭時期的短短三個月內，這些黨軍殘酷地屠殺台灣人，並有計畫地謀殺許多台灣菁英，共約18,000名至28,000名的台灣人被害，這些都是國民黨的責任。

　　中國國民黨台灣省黨部內設有調查統計室（調統室），並在各地布置忠義調查員。大溪檔案中有這樣一份情報，1947年3月12日中統局報給蔣介石：「九、十兩日國軍絡（陸）續開到，警察及警備部軍士即施行報復手段，毆打及拘捕暴徒，台民恐慌異常。台省黨部調統室曾建議警備部，應乘時消滅歹徒，並將名冊送去。警備部十日晚起開始行動，肅清市內奸徒。」（《二二八事件資料選輯》（二）第146頁，見附圖）這個情報證明兩件事情：第一是援軍到達後，就對台灣人採取報復性的無情屠殺，台灣人異常恐慌；第二是照名冊逮捕及謀殺台灣菁英。「乘時消滅歹徒」證明國民黨藉著二二八的動亂，乘機謀殺無辜的台灣菁英。一般來說，名單是單頁，名冊是很多頁訂成一本。軍隊剛來台灣，不瞭解台灣的內情，國民黨台灣省黨部的半山們才知道誰是台灣的菁英。事件發生沒幾天，不可能就已完成調查，可見國民黨早有預謀要殺害這些台灣菁英。吳濁流在《台灣連翹》記載，1973年年底曾出任國民黨新竹黨部主任委員的彭德向他透露說：「（二二八）被捕的黑名單上台灣人二百多名，……是從重慶回來的半山幹的，他們是劉啟光、林頂立、游彌堅、連震東、黃朝琴等人。」吳濁流註說：「只因這份黑名單，悲劇的歷史上演了，美麗的福爾摩沙為此流血。」因為國民黨知道那是非法謀殺，所以要滅屍，也要否認有逮捕人。國民黨台灣省黨

情 報 提 要

報告者 原報告時間地點	內　容　摘　要	判斷或擬辦批示

台灣近情續訊

一、九十兩日國軍絡續開到警察及警備部軍士即施行報復手段毆打及拘捕暴徒台民恐慌異常台省有盧部調統室曾呈議警備部應來時消滅歹徒並將名冊送去警備部十日晚起開始行動肅清市內奸徒。

二、陳長官十日令憲兵駐台特高組秘密速捕國大代表林連宗參議員林桂端李瑞峯彼等聯名接收高等法院係律師及奸偽首要當選中等台灣自治青年同盟領導入蔣渭川現已潛逃其組織亦無形消散。

三、廿一師部隊抵台後有使用法幣者頗引起商民之惡感。

四、台中嘉義仍為奸偽謝雪紅何仁祺控制計有暴民千餘步槍千餘支輕機槍四挺高山族已二百餘人下山並有日人三十餘名來加叛亂。

<判斷欄>
一、擬飭陳兼總司令嚴辦並報。
二、擬飭陳兼總司令嚴捕並予嚴懲。
三、擬飭周主席及參謀長查辦並予嚴懲。
四、另擬中統局三月十二日報告台中台民召開。

非常時該局三月十二日報告台中台民召開文其部屬何期間已奸偽停止何持武器始給予一服委係以致聯開全台中島其控制等情詳誌擬電陳長官查辦

一四六

部主任委員李翼中在 3 月 4 日約見蔣渭川，跟他說：「為今之計，惟有籲請中央，然後臨之以威、綏之以德，自可速平而免糜爛。」顯然蔣介石接受他的建議，大舉派兵。警備總部參謀長柯遠芬在他的口述紀錄說：「3 月 9 日陳長官宣布全省戒嚴後，陳儀就下令由憲兵張慕陶團長主其事，警總調查室、軍統局台北站協助之，緝捕為首陰謀份子。」「逮捕人犯係由軍統局林頂立成立特別行動隊及張慕陶憲兵團成立特高組，會商後立即進行迅雷不及掩耳的行動。」「不過，陳長官將逮捕名單交與張慕陶，囑其不可告知上述單位以外人員，而由陳長官直接向蔣主席負責。」3 月 1 日起，台灣省黨部主任委員李翼中去見陳儀好幾次，一再催促他向中央請兵。李翼中可直通蔣介石。如果沒有蔣介石的授權，李翼中或陳儀不敢負這大規模謀殺台灣菁英的責任，尤其中間有些人是蔣介石四個月前來台灣參加台灣光復一週年時認識的。要陳儀去做這麼重大的謀殺工作，李翼中應會親自轉交名單，並跟他說明已經有蔣介石的授權。陳儀也就敢向張慕陶保證，由陳儀「直接向蔣主席負責」。3 月 7 日，李翼中攜帶陳儀請兵及報告的信，飛去南京向蔣介石報告，也會把要逮捕的名冊一起呈報。當時擔任警備總部副參謀長的范誦堯更特別指出：「至於槍斃人犯，多由軍統局林頂立負責。」林頂立參與製作名冊、非法逮捕及槍斃滅屍，是殺害台灣菁英的大罪魁。

　　警總從 3 月 10 日晚間開始抓人。先父並沒參加二二八的活動，卻於 3 月 14 日在台北家中被逮捕，一去不回。要逮捕人的軍警理應穿著制服，但是來抓我父親的軍警卻穿中山裝，可見他們知道是非法抓人，不敢穿制服。被捕一星期後，我父親託人送出一張字條，上印有憲兵第四團，證明他是被憲兵第四團非法逮捕。歐陽可亮也和我父親一批人關在一起，但在 3 月底被釋放，他作證，那時這些

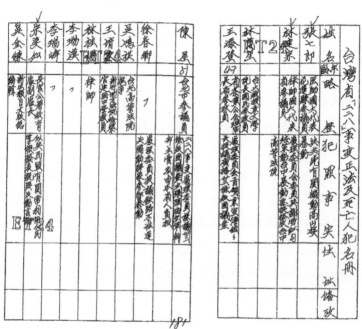

台灣省「二二八」事變正法及死亡人犯名冊列了被情治單位所殺的台灣菁英。原文件有十二頁。王育霖的名字被誤抄，但確實是他，犯罪事實是空白無罪。

人還沒被處死。3月17日，蔣介石派國防部長白崇禧和兒子蔣經國來台灣「宣慰」台灣同胞，那時我父親還活著，大部分的菁英也仍在逼供的階段，還沒被害。台灣警備總部那時請示白崇禧部長「就事件人犯，暫由軍法審判」，不移送司法機關。這些人犯不屬軍法管轄，依法應於二十四小時內移送法院。白崇禧竟然「准如所請」，也就是同意將這些台灣菁英交由軍方處決。實際上，連軍法審判也沒有，就處決這麼多台灣菁英。白崇禧與蔣經國表面上是「宣慰」，實質上是做非法大謀殺的勾當及督導軍隊的運作。我母親和林茂生先生、陳炘先生、李瑞漢先生、李瑞峯先生、施江南先生、林旭屏先生等人的太太共同去警備總部陳情，他們居然回覆沒有逮捕這些人，還說可能是被暴徒打死。其實這些人都被列在「台灣省二二八事變正法及死亡人犯名冊」上，慘遭殺害。我父親和很多受難者在正法名冊上的犯罪事實欄是空白，亦即無罪。原來暴徒就是這些國民黨的黨軍！不把屍首發還喪家埋葬，可見國民黨的官員及軍人是多麼慘無人道。國民黨竟然把法官、檢察官、律師、文學院院長、中學校長、醫師、銀行家、國民大會代表、省參議員、市參議員、報界人士等等誣控為歹徒，真是可惡。除了被列在國民黨台灣省黨部所準備的這本謀殺名冊而被殺害，還有很多不同單位在各地任意逮捕及處死台灣人。監察委員何漢文也於1947年3月21日就抵達台灣調查，他在《台灣二二八事件見聞記略》寫說：「在軍事大屠殺以後，接著由黨、政、軍、憲、警聯合實行全面大搜捕，加以秘密殺害，這樣被殺害的人民當不下千數。」足證國民黨帶頭做「秘密殺害，不下千數」的暴行。中國國民黨假藉二二八的動亂，有計畫及兇狠地謀害這麼多台灣菁英，國民黨就是這大謀殺案的主謀！

蔣介石相當注重台灣，他剛於1946年10月來台灣視察及參加台

林茂生　台大教授　　　　陰謀叛亂煽動學生暴亂

林連宗　　　　　　　　　陰謀叛亂顛覆政府

王添灯　　　　　　　　　陰謀叛亂為首要

徐春卿　　　　　　　　　陰謀叛亂為首要

施江南　　　　　　　　　陰謀叛亂為首要

李瑞漢　　　　　　　　　陰謀叛亂為首要

李瑞峯　　　　　　　　　陰謀叛亂為首要

張光祖　大流氓頭　　　　策動殺害外省人首要

姉內金城　日人地下工作者　策動台人叛亂

植崎寅三郎　日人地下工作者　策動台人叛亂

陳儀於1947年3月10日晚開始逮捕台灣菁英，隔天立即將逮捕人犯名單呈報蔣介石，請其裁決。

灣光復一週年的慶祝會，受到台灣人熱烈歡迎。1947年2月10日，他下令台灣省行政長官兼警備總司令陳儀：「據報共黨份子已潛入台灣漸起作用，此事應嚴加防制，勿令其有一個細胞遺禍將來。台灣不比內地，軍政長官自可權宜處置也。」接著又指示陳儀徹查台獨言論。2月28日陳儀宣布臨時戒嚴，當天也電告蔣介石。陳儀的侍衛舒桃那時專責文件收發。他於1995年3月6日作證說，1947年3月1日蔣介石立即回電，命令陳儀「對群眾格殺勿論」，且有小字「錯殺一百，不可錯放一人」。如此命令及授權，陳儀也就到處抓人殺人，胡作非為。3月3日，蔣介石立即命令江蘇崑山的駐軍「開台平亂」，也於3月5日通知陳儀：「已派步兵一團並派憲兵一營，勿念。」同一天參謀總長陳誠報告蔣介石：「已令二十一師劉師長率師部及一四六旅之一個團即開基隆」、「著憲兵第四團駐福州之第三營即開台灣歸制」及「著憲兵第二十一團駐福州之一個營即開基隆」。根據《總統蔣公大事長編初稿》記載，蔣介石在3月5日大舉派兵的原因是：「台灣事件已演變至叛國及奪取政權階段。」蔣介石這種草率與錯誤的判斷，促使他對台灣進行無情的鎮壓與屠殺。蔣介石於3月8日及9日兩次召見整編的二十一師師長劉雨卿，親自指導如何平亂。值得注意的是3月4日中央社報導：「今日台北市秩序全部恢復，全市商店開門營業。台省以及外省同胞，熙熙攘攘，面帶笑容。戲院及電影院均已營業，菜市、米市最形擁擠。」3月6日陳儀還向全台廣播：「中華民族最大的德性就是寬大，不以怨報怨。我們對於本省自己的同胞，難道還會不發揮寬大的美德嗎？」台灣人怎會料到蔣介石第一批軍隊3月8日從基隆上岸，還沒向陳儀報到，就立即從碼頭展開盲目及赤裸裸對台灣人的大屠殺，基隆港內外浮屍累累。接著殺向台北，然後遍及全島。3月13日陳儀稱讚蔣介石說：

「此次事變設非鈞座調兵迅速，其演變不堪設想。」同一封電文陳儀請示：「台灣因非接戰區域，不能援用軍法。普通司法寬大緩慢，不足以懲巨兇，奸黨因得肆無忌憚。……司法手續緩慢，而台灣情況特殊，擬請暫時適用軍法，使得嚴懲奸黨份子，以滅亂源。」並附上含27名菁英的被捕人犯名單。蔣介石明知道，逮捕人犯必須移送司法機關，但他仍違法授權用軍法審判。事實上有些人犯被送軍法審判，有審判文，但很少判死刑。大部分的台灣菁英並沒經過軍法審判，沒有審判文，就被謀殺，甚至滅屍。3月17日蔣介石派國防部長白崇禧和兒子蔣經國來台灣檢視軍隊鎮壓的果效，那時很多被關的台灣菁英還活著，白崇禧和蔣經國顯然同意謀殺的暴行。受難者施江南醫師的大女兒於1947年5月13日寫了一封以「北一女中學生施玲玉」具名的陳情書給蔣介石。蔣介石經由國民政府參軍處回覆說：「因時過境遷，經派員多方偵查毫無結果。復查本部案卷內，並無受理施江南案件，所屬各綏靖區及憲警機關查報拘捕暴亂人犯，亦無施江南其人。且查事變起至三月十五日期間，全省陷於混亂狀態，奸黨暴徒仇殺狙擊無法防制。」參軍處直屬蔣介石，負責軍事命令與軍事文件的收發。但事實上，3月11日及13日陳儀送給蔣介石信所附的兩本人犯名冊上都有施江南的名字，怎可欺騙說：「復查本部案卷內，並無受理施江南案件。」還把謀殺的責任推給「奸黨暴徒」。蔣介石遮掩謀殺施江南醫師的罪行，亦即共謀。足見蔣介石是謀殺台灣菁英的元凶！

　　國民黨中央執行委員會接到二二八屠殺台灣人的一些報告後，在1947年3月22日立即決議：「台灣省行政長官陳儀應撤職查辦」，但蔣介石否決此決議。假如軍法審判陳儀的殺人暴行，一定會抖出他全是依照蔣介石的命令行事，因此蔣介石一定要包庇陳儀。慘案

此單所列均未見報來是否提出愐明原因乞示

辦理人犯姓名調查表

姓名署	罪名	述
王添灯 理事	（一）省參議員	（一）煽惑叛亂首要，組織偽二八事件處理委員會，自任宣傳組組長
	（二）三氏主義青年團台灣區團省地方團部書記	（二）前受日本侮辱宣軍刊坤之青年叛亂，煽動組以暴大叛亂之成
	（三）六三台灣省地方叛育委	（三）控制廣瑞憲兵，發表叛國言論，現其二十二條件，鼓動民眾叛行動
		（四）密組偽新茅民國政府
林連宗	（一）省參議員	（一）煽惑叛亂煽惑叛亂，強力接收偽高雄省縣完第一院，自任院長
		（二）鼓動鐵路員工罷工，老叛扎
王名朝	（一）台灣省鐵此育代表	（一）鼓動控制鐵路交通，運搬叛軍內舍地攪擾
	（二）叫保處育	（二）煽勤偽鐵路員工罷大叛扎
施江南	台灣縣設協會理事	偽稱叛扎青要以強垣接收院
李瑞漢 律師		偽稱叛扎青要子強垣接收法院

陳儀於1947年3月13日又呈報蔣介石，依軍法處理人犯，並附上新的名冊。

中國國民黨是二二八慘案的主謀

報拘捕暴亂人犯亦無施江南其人且查事發起至三

月十五期間全省陷於混亂狀態奸黨暴徒仇殺姐掌

無法防制無論外省人及本省人在此期間傷亡失蹤

事件屢見迭出迄今尚無情贜查等語特此通知

右通知

施珍玉

國民政府參軍處軍務局　敬

中華民國　年　月　日　軍務局牋

蔣介石回信施江南女兒：「復查本部案卷內，並無受理施江南案件。」施江南的名字在陳儀送的兩本逮捕名冊上，蔣介石是共謀。

後，台灣的軍政首長多人被蔣介石獎勵，無一人受罰。彭孟緝被升為台灣警備總司令，陳儀升任蔣介石家鄉浙江省的省主席，可見他們執行蔣介石的命令有功。警備總部參謀長柯遠芬是二二八大屠殺及殺害台灣菁英的主要指揮官。他在1947年3月下旬的一個會議上主張：「寧可枉殺九十九個，只要殺死一個真的就可以。」這就是當年軍政統治者對付台灣人的心態。柯遠芬在1992年接受賴澤涵訪問時說：「當時的局勢雖然有點亂，但只要依照先總統蔣公的指示辦理，執行起來就沒有什麼困難。」也就是說，他依照蔣介石的指示來為非作歹的。由非常多的電報及文件可知，蔣介石充分掌控軍隊的殘酷鎮壓及逮捕台灣菁英，他要殺台灣人殺到不敢再暴動。總之，中國國民黨總裁兼國民政府主席蔣介石是二二八大屠殺的元凶！這也是舒桃的指控，又是行政院直屬二二八事件紀念基金會所發行的《二二八事件責任歸屬研究報告》的結論。

二二八慘案發生已七十年，卻不見中國國民黨承認過錯及表示歉意。我們二二八受難者遺屬向國民黨提出下列的要求：

一、向二二八受難者遺屬及全體人民公開承認屠殺台灣人及謀殺台灣菁英的罪行，更要表示最深的悔意。

二、公布「二二八乘時消滅」的名冊及二二八與白色恐怖時期的所有檔案。

三、歸還由國庫支出的二二八慘案賠償費。

四、連震東、黃朝琴、游彌堅、劉啟光及林頂立等的財產繼承人，須賠償這些受害台灣菁英的遺屬。

蔣介石不僅在二二八慘案屠殺這麼多台灣人，二二八事件之後，延續的清鄉及白色恐怖，繼續逮捕與槍殺人民，恐懼深烙人心。蔣介石要所有的政治案件在判決之後，將判決書送給他審核。原本無

核

上簽周清連等十二名係保密局根據自
首份子招供先後於四十年六月間將該被
告等予以偵獲解送台省保安司令部
判決呈經周總長核以事實未明確量
刑未當發還復審一次茲據復審判決周
清連等四名死刑林森田等七名以參加叛亂
組織覽分別情節處以十四年十二年六年等
有期徒刑王萬川一名以明知匪諜不告審
檢舉罪處徒刑二年六月並案檢同卷判經
周總長核特如上又卷五宗存備調閱

謹註

擬辦
本案既經復審一次被告周清連等十二
名犯情均已明確所判罪刑亦當經核
擬悉予照准

凡判處
十二年以上　　　　　　職
徒刑者一律　　　　桂永清里
政處死刑林森田蔡清山周明鴻　　四月廿二日
等三名判處徒刑十年停外挑

周清連案共有十二名被告，蔣介石卻親批：「凡判處十二年以上徒刑者一律改處死刑」。

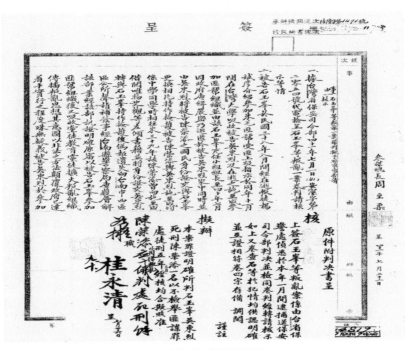

年輕人陳榮添原處五年徒刑，蔣介石親批「一併判處死刑」。

中國國民黨是二二八慘案的主謀

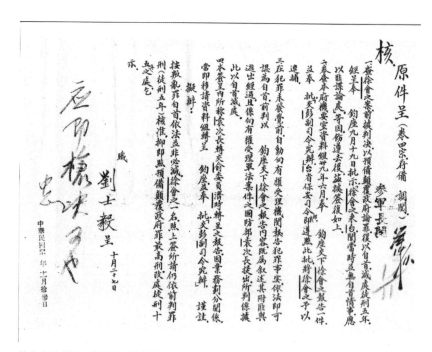

核．原件呈（卷景存備　關閱）參軍長閱

一　查徐會之案前擬判決以預備顛覆政府論罪復以自首減處徒刑五年．經呈本　鈞座九月十九日批示徐會之來台開當時並無自首情事應以匪諜論處　等因防道去後茲擬簽復如上．

二　卷查本府機要室資料組卅九年六月奉　鈞座交下徐會之報告一件．益奉　批交彭副司令先辦「台北安司令即送照此批將徐會之予以逮捕

三　在犯罪未發覺前自動向有權受理機關報告犯罪事實依法即可誤為自首前判以　鈞座交下徐會之報告內容既屬敘述其附匪與逃出經過且係向有權受理單位案件之國防部袁次長提出所判係擬此以自首減底．日本簽呈內所報袁次長轉呈時轉呈文報告因業務劃分關係當即移請資料組辦呈

擬辦：

鈞座交下徐會之一名照上簽所請仍依前判罪刑（徒刑五年）核准抑即照預備顛覆政府罪從嚴高刑改處徒刑十五文底乞示．

職　劉士毅呈　十月二十七日

應即槍決可也

中華民國□□年十二月拾□日

徐會之是黃埔一期畢業，擔任總統府參軍，原被判刑五年，蔣介石卻指示：「應即槍決可也。」

期或有期徒刑、乃至無罪的判決，其後卻被蔣介石親批「處以極刑可也」、「應即槍決可也」、「判處死刑可也」、「應判死刑」、「改處死刑」而喪失寶貴的生命。例如年紀輕輕的陳榮添，因不檢舉匪諜而原處徒刑五年，蔣介石竟然親批「一併判處死刑」，他被槍斃時年僅二十三歲。再以徐會之案為例，徐氏乃出身黃埔一期的總統府參軍，1950年被控涉嫌叛亂，原被判刑五年，然蔣介石卻指示：「應即槍決可也。」另以1951年周清連等案為例，該案共有十二名被告，經保安司令部判決後，呈報參謀總長時，以「事實未明確量刑未當」發還復審。復審之後上呈蔣介石，蔣卻親批：「凡判處十二年以上徒刑者一律改處死刑。」又如1966年調查局專員史與為一案，共七人被告，原判僅二人被處死刑。然呈報至蔣介石處，蔣卻批示：「凡已入匪黨而不事先自首者，不得赦免應處極刑為要。」於是，該案七人全部改判死刑。此外，黃溫恭、高執德、陳心棻、康震、李玉堂、鄭文峰等人的遭遇亦然。案例之多，實不勝枚舉。《軍事審判法》有規定「軍事法庭獨立行使審判權，不受任何干涉。」蔣介石知法犯法，無視人命關天，逞一時之快，殺人為樂，足見蔣介石有殺人狂。根據夏威夷大學的政治學學者盧梅爾（Rummel）的報告書，蔣介石殺了約一千萬人，是二十世紀第四大殺人魔，僅次於史達林、毛澤東與希特勒。這些被蔣介石殺的，主要還是中國人。

在總統府前面蓋起的中正紀念堂，是公然表揚二二八慘案的元凶殺人魔蔣介石。這是極端侮辱台灣人，公義何在？我們嚴正要求廢除中正紀念堂，改為台灣忠烈祠。這個在台北市中心的台灣忠烈祠，不僅要紀念過去為台灣的民主、自由及安全而犧牲的人，更要紀念那些將來為了保衛台灣而犧牲的人。如此可讓勇敢的台灣軍人知道，為國犧牲是值得及有意義的，會得到台灣人世世代代的敬仰。

王育霖年譜

1919年11月　15日，生於台南市望族，父王汝禎開設「金義興商行」，經營海陸物產罐頭批發，商譽頗佳。

1932年3月　台南市末廣公學校（現進學國小）第一名畢業，考上台北高等學校尋常科。尋常科一年僅收四至六名台灣人小學生。

1934年12月　生母毛月氏逝世。

1935年3月　開始休學一年。

1937年3月　台北高等學校尋常科畢業，直升該校文科甲組。

1940年3月　台北高等學校文科甲組第一名畢業。

1941年4月　進入東京帝國大學法學部法律學科。

1941年8月　26日，與台南官田村望族陳家仙槎小姐訂婚。

1942年7月　27日，與台南官田村望族陳家仙槎小姐結婚。

1943年8月　在學期間考取日本高等文官（司法官）考試。

1944年9月　30日，東京帝國大學法學部法律學科畢業。

1944年4月　經東大法學部部長穗積重遠男爵大力推薦，得以擔任檢察官，而且被派往當時日本的第二大法院

「京都地方裁判所」，成為在日本的第一位台灣人檢察官。

1944年6月	大兒子克雄在京都出生。
1945年8月	15日，日本天皇宣布無條件投降。
1946年1月	偕妻子及兒子由日本廣島上船，在台灣基隆港上岸，回到久違的故鄉。
1946年2月	到台北地方法院檢察處擔任檢察官。
1946年3月	22日，轉派到新竹地方法院檢察處。
1946年8月	9日，帶六名憲兵、二名法警及一名書記官去新竹市政府調查新竹市長郭紹宗瀆職案，卻反遭郭市長調來大批警察包圍，被搶去搜查令及卷宗。台北檢察署逼王育霖辭職。
1946年9月	4日，辦完移交，離任新竹地檢處。到建國中學與延平學院任教，並在《民報》擔任法律顧問，並撰寫社論和評論。
1946年12月	二兒子克紹在台南出生。
1947年1月	15日，完成《提審法解說》，由「台北市人民自由保障委員會」刊印，同本有中文與日文。
1947年2月	21日，王夫人帶兩個月大的克紹與不到三歲的克雄來台北與王育霖團聚。
1947年3月	10日傍晚，憲兵第四團長張慕陶組成的特高組，與軍統局台灣站長林頂立組成的特別行動隊，開始逮捕台灣菁英。
1947年3月	11日，台灣行政長官兼警備總司令陳儀立即呈報蔣介石已逮捕到的名單。

1947年3月	13日，陳儀再送新的名單，並向蔣介石請示，是否要依軍法處理這些人犯。
1947年3月	14日下午三時左右，王育霖在家中被六位穿中山裝軍人逮走，從此一去不復返。
1947年3月	17日，國防部長白崇禧及蔣經國來台灣「宣慰」，王夫人與幾位受害人的妻子去陳情，但收到「沒逮捕這些人」的回覆。實際上，白崇禧不反對以軍法審判這些台灣菁英。
1947年3月	23日前後，王育霖託人帶一張寫在憲兵第四團信紙上的親筆信，要王夫人找劉啟光與林頂立營救，否則有生命危險。
1947年5月	13日，受難者施江南醫師的女兒以「北一女中學生施玲玉」名義寫陳情書給蔣介石。蔣介石由其幕僚參軍處回函，本部案件內並無施江南案件。事實上，施江南的名字都列在陳儀呈送的兩份名單上，足見蔣介石掩飾謀殺暴行，是共謀，也是謀殺台灣菁英的元凶。
1968年9月	6日，大兒子克雄啟程去美國留學，他飛離台灣才深感「免於恐懼的自由」。
1994年3月	6日，李登輝總統南下拜訪王夫人。王夫人的二二八陰霾得以掃除大半。
1995年2月	28日，李登輝總統代表政府向二二八受難者家屬及全體國人道歉。
1995年3月	23日，制定《二二八事件處理及補償條例》，雖定2月28日為「和平紀念日」，但不放假。

1997年2月	25日，規定二二八為國定假日。
1997年9月	9日，全國律師公會聯合會頒發褒揚文並頒贈「台灣正義之光」紀念牌。
1998年2月	27日，王育霖等五位二二八司法受難者的家屬，共同捐出228萬元成立「二二八司法公義金」，定期頒發獎金給對台灣的司法公義有貢獻的個人或團體。
2000年5月	20日，阿扁就任台灣總統，中國國民黨終於被拉下台，台灣人當家做主。
2004年2月	28日，兩百萬台灣人不分藍綠，參與「手牽手護台灣」運動，串起五百公里人龍貫穿台灣。
2006年12月	8日，規定每年二二八當日降半旗，以追悼在二二八慘案受害的兩萬多名台灣人。
2015年12月	在美國設立「王育霖檢察官紀念基金」。

臺灣的臉 02

期待明天的人：
二二八消失的檢察官王育霖

編者｜王克雄、王克紹
責任編輯｜龍傑娣
封面設計｜林宜賢
排版｜菩薩蠻電腦科技有限公司
出版｜遠足文化事業股份有限公司 第二編輯部
社長｜郭重興
總編輯｜龍傑娣
發行人兼出版總監｜曾大福
發行｜遠足文化事業股份有限公司
電話｜ 02-22181417
傳真｜ 02-86671851
客服專線｜ 0800-221-029
E-Mail｜ service@sinobooks.com.tw
官方網站｜ http://www.bookrep.com.tw
法律顧問｜華洋國際專利商標事務所 蘇文生律師
印刷｜凱林彩印有限公司
初版｜ 2017 年 1 月
初版 6 刷｜ 2021 年 12月
定價｜ 380 元
ISBN ｜ 978-986-94233-6-6

國家圖書館出版品預行編目（CIP）資料

期待明天的人：二二八消失的檢察官王育霖 / 王克雄, 王克紹編
-- 初版 . -- 新北市：遠足文化, 2017.01
　面；　公分 . --（臺灣的臉；2）
ISBN 978-986-94233-6-6（平裝）

1. 王育霖 2. 臺灣傳記 3. 二二八事件

783.3886   105025428